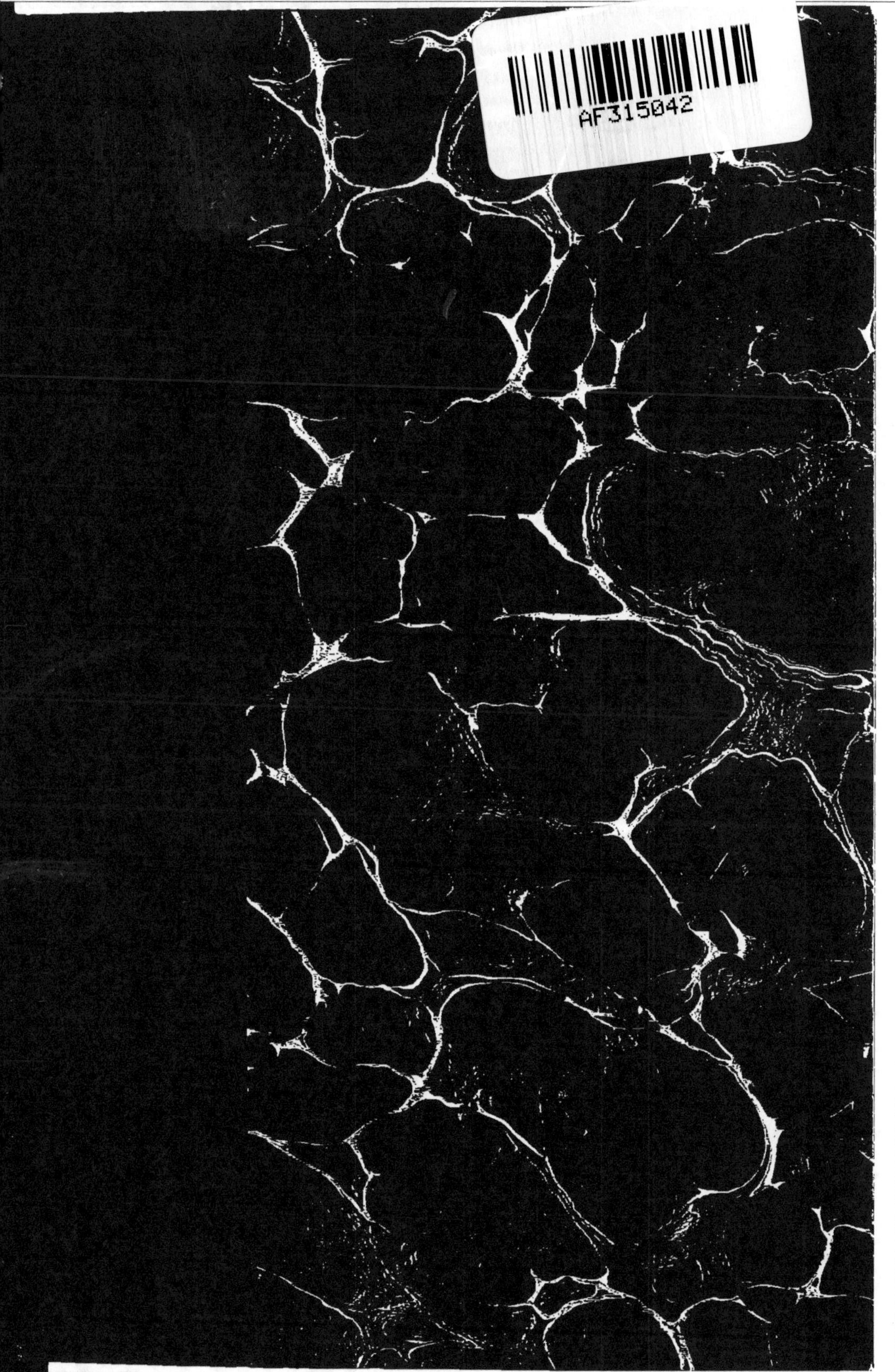
AF315042

L.

HISTOIRE

ANCIENNE,

OU

PREMIÈRE PARTIE

DE

L'HISTOIRE

DES

HOMMES.

HISTOIRE

DES

HOMMES,

OU

HISTOIRE

NOUVELLE

DE TOUS LES PEUPLES

DU MONDE,

PARTIE DE L'HISTOIRE ANCIENNE.

TOME X.

A PARIS,

M. DCC. LXXXI.

Avec Approbation, & Privilége du Roi.

HISTOIRE

DES

ÉGYPTIENS.

DE MENÈS,

LE PREMIER

DES PHARAONS.

L'Age des Dieux ou des fables est passé ; maintenant l'Egypte n'a plus d'intérêt à enfler ses dynasties des noms des Héros Atlantes ; & nous sommes à portée de juger son peuple par les actions qu'il a réellement faites, & par les Rois qui l'ont réellement gouvernée.

Cependant il ne faut pas s'attendre qu'il en soit de tout l'intervalle qui s'est écoulé entre Menès, le premier des Pharaons, & la conquête de l'Egypte par Alexandre, comme de ces beaux siècles de la Grèce & de Rome, qui ont mérité d'avoir des Thucidide & des Polybe pour Historiens; il y a beaucoup de ténèbres dans les annales des premiers règnes, & le seul débrouillement de ce cahos, qui heureusement n'intéresse que des Saumaise, demanderait plusieurs volumes.

J'appelle histoire conjecturale de l'E-gypte celle des dix-sept premières dynasties de Manéthon; à quelques époques près, qui font comme un petit nombre d'isles dans un vaste océan, tous les détails en font inaccessibles à la chronologie.

L'histoire authentique des Pharaons ne commence vraiment qu'à Amos, tige

de la dix-huitième dynaſtie, qui monta
ſur le trône il y a 3448 ans, ou l'an
562 de l'Ere de Calliſthène. C'eſt alors
que les faſtes de l'Egypte peuvent ſe
concilier avec des monumens authenti-
ques, tels que les marbres de Paros ou
l'Ere des Olympiades.

Nous ne traiterons donc qu'avec l'ordre de la logique, & non avec l'ordre
des tems, les annales Egyptiennes, depuis Menès juſqu'à Amos ; ce ſerait
proſtituer l'Hiſtoire des Hommes, que
de faire ſervir ſon burin à ranger ſous
des époques, des faits minutieux qui ne
ſortent pas de l'ordre des conjectures.

Hérodote, Diodore & Manéthon s'accordent à faire de Menès (*a*) la tige

____

(*a*) Nous ne nous étendrons ici que ſur les
Rois qui ont fait quelque choſe ; & nous les pren-
drons ſoit dans Manéthon, ſoit dans Hérodote,
ſoit dans Diodore. Pour les noms ſtériles des
autres, on les trouvera rangés par ordre dans
les deux tableaux des dynaſties d'Egypte que
nous avons fait graver.

de la première dynaſtie des Pharaons : mais on ignore comment ce Prince parvint au trône ; tout ce qu'on ſait, c'eſt qu'originaire de This, il fut ſucceſſeur immédiat des Dieux, & c'eſt ne rien dire pour des Lecteurs philoſophes.

L'Egypte, à cette époque, n'était point encore ſortie toute entière du ſein des eaux. » C'était, dit Hérodote, un vaſte » marais, à l'exception du pays de » Thèbes. Toute la contrée qui s'étend » du lac Mœris à la mer, & dont on » évalue la diſtance à ſept journées, » n'exiſtait pas (a). — Menès vint, il deſſécha en partie ce vaſte marais, en creuſant un lit aux eaux ſtagnantes qui corrompaient l'atmoſphère ; il apprit aux ſauvages indigènes à ſe faire une patrie malgré le Nil & ſes débordemens ; & dans un ſiècle ſi barbare, c'était ſe créer des droits à l'apothéoſe.

(a) Hérodot. *Euterpe* ou *lib.* 2.

La chronologie de Manéthon, qui place ce Menès 5772 ans avant notre Ere vulgaire, est sûrement erronée. La nouvéauté du sol de l'Egypte dépose assez contre ce trait de vanité du Prêtre d'Héliopolis ; il est certain que quand le premier des Pharaons civilisa la Thébaïde, tous les grands Empires de l'Asie fleurissaient depuis long-tems. Notre Europe seule était encore sauvage ; & tandis que le reste du globe avait des mœurs & des loix, les Gaules, la Germanie, l'Italie même n'étaient qu'une vaste forêt, à l'ombre de laquelle quelques Celtes, qui n'avaient de l'homme que la figure, mangeaient du gland, se battaient avec les ours, & consultaient les Sibylles.

Diodore, qui parle du chef des Pharaons, tantôt sous le nom de Menès, tantôt sous celui de Mnevès (*a*), en

______

(*a*) *Histor. Univ.* lib. 1, sect. 2, parag. 4, & 35.

fait un Sage, digne, à quelques égards, d'être le Légiflateur du monde. Il fuppofe qu'il fut le premier qui porta les hommes à s'enchaîner par des loix fociales ; mais obfervant que des êtres nés libres, s'indignent bientôt, même des entraves qu'ils fe donnent, il eut l'art, pour mettre fon code à l'abri des regards téméraires, de le faire defcendre du ciel. Ce fut fous le nom d'Hermès qu'il publia fes loix ; fes contemporains étaient fi fiers & fi barbares, que fans cette heureufe impofture, le bien qu'il leur aurait fait ferait mort avec lui (*a*).

(*a*) Le texte de Diodore, qui renferme ce portrait de Menès, eft devenu très-célèbre à caufe de la témérité de l'Hiftorien de mettre Moyfe en parallèle avec le premier des Pharaons. Le voici avec toute la fidélité hiftorique. Il porte avec lui fon antidote.

" Muevès, homme recommandable par la " fupériorité de fon génie, fut le premier qui " porta les hommes à fe foumettre à des loix " non écrites ; il fuppofa qu'il les tenait d'Her-

Le Légiſlateur qui donna à l'Egypte
des inſtitutions ſociales, lui donna auſſi
un culte, mais bien peu digne de la
ſageſſe qu'on lui prête ; il corrompit le

» mès, qui les lui avait données pour le bien
» de la terre. C'eſt ainſi qu'en usèrent, après
» lui, Minos en Crète, & Lycurgue à Lacé-
» démone ; ces Princes firent croire à leurs
» peuples que les loix qu'ils leur propoſaient
» leur avaient été dictées par Jupiter ou par
» Apollon ; & cette perſuaſion a été utile aux
» peuples mêmes. On dit que chez les Ari-
» maſpes Zathrauſtes avait feint que ſes inſ-
» titutions lui venaient d'un bon génie qui
» l'inſpirait. Xamolxis vantait aux Grecs ſa
» correſpondance avec Veſta, & Moyſe allé-
» guait aux Juifs la révélation qu'il tenait du
» Dieu Jehovah. Tous ces Légiſlateurs en
» uſaient ainſi, ſoit qu'ils regardaſſent comme
» un don ſurnaturel le talent qu'ils ſe ſen-
» taient de dreſſer un Code, ſoit qu'ils pré-
» viſſent que les noms ſacrés qu'ils emprun-
» taient en impoſeraient aux hommes qu'il
» fallait enchaîner. *Hiſtor. Univerſ.* lib. I ,
ſect. 2 , parag. 35.

théïfme primitif, & en multipliant la race des Dieux, il inonda fon pays de fuperftitions, & prépara la lutte terrible des fiècles qui le fuivirent, entre le trône & le facerdoce.

C'eft à ce Prince que l'hiftoire attribue la naiffance du culte des crocodiles. Il eft vrai que la fable qui y donna lieu, eft fi abfurde, qu'on ferait tenté de juftifier fa mémoire d'un pareil crime. Menès, difait-on, pourfuivi par des chiens furieux, était arrivé en fuyant jufques fur les bords du lac Mœris. Là, il ne lui reftait que la cruelle alternative d'être dévoré par le monftre acharné qui le pourfuivait, ou de chercher une mort plus douce dans le fein des eaux. Un crocodile, qui vit fon embarras, fe préfenta à lui, le reçut fur fon dos, & le tranfporta fur l'autre rivage. Ce conte Africain fut peut-être le germe de la fable d'Arion, mais du moins l'imagination Grecque donna à fa tradition une forte de vraifemblance ; elle choifit, pour fauver fon héros du naufrage , un poiffon pacifique tel que le dauphin , & non le crocodile, ce tigre du Nil, toujours altéré de fang , & l'ennemi né de tout être vivant qui s'offre à fes regards.

Diodore, qui nous a tranfmis le conte de Menès, ajoute que ce Prince, fenfible au bienfait du crocodile , voulut en éternifer la mémoire ; il bâtit fur le lieu même une ville de Crocodilopolis, confacra le lac Mœris tout entier pour la fubfiftance du poiffon deftructeur auquel il devait la vie , & couronna le délire de fa reconnaiffance pour le monftre, en faifant fon apothéofe.

Affurément jamais crocodile n'a porté d'homme fur fon dos fans le dévorer. Cependant il eft avéré qu'il y a eu en Egypte une ville & des temples confacrés au crocodile ; or, quelque ftupide qu'on fuppofe un peuple, il faut croire qu'il s'eft déterminé, par quelque motif, à faire un dieu du monftre dont il devait mettre la tête à prix. Ce motif ne serait-il pas le service que le crocodile rendait à l'Egypte en la protégeant contre les invasions des Libyens & des Arabes, qui, par la terreur qu'il inspirait, n'osaient traverser le Nil pour la dévaster ? Cette cause a du moins un point de vue philosophique, & on peut l'admettre dans une Histoire des Hommes.

Hérodote attribue à Menès la fondation de Memphis (*a*); le Nil, à l'en croire, couvrait auparavant cette partie de l'Heptanomide. Le Prince commença par creuser un nouveau lit au fleuve ; & sur le terrein qu'il lui enleva, il bâtit sa capitale.

Comme le Nil, dans ses débordemens, pouvait un jour submerger Memphis, Menès, dont la prévoyance embrassait le présent & l'avenir, fit cons-

______

(*a*) *Euterpe* ou *lib. 2.*

truire des digues puiſſantes pour retenir le fleuve dans ſon nouveau lit ; il creuſa auſſi un lac deſtiné à recevoir ſes eaux ſurabondantes, dans le cas des crues extraordinaires. Ces ouvrages ſubſiſtaient encore, au tems de la conquête de l'Egypte par les Perſes.

Malheureuſement tout ce récit d'Hérodote n'eſt fondé que ſur un anachroniſme. Diodore, plus éclairé que ce père de l'hiſtoire, plus judicieux & plus vrai, eſt bien loin d'attribuer la fondation de Memphis au premier des Pharaons. Il déclare formellement qu'elle ne remonte pas plus haut que le règne d'Uchorée, le huitième des ſucceſſeurs d'Oſymandias (a). Et en effet, quand on veut ſuivre en Phyſicien les progrès des conquêtes du Nil ſur la mer, on ſent qu'il était impoſſible que Memphis pût être bâtie par Menès, dont le faible

____

(a) *Hiſt. Univ.* lib. 1, ſect. 2, parag. 7.

royaume devait être borné aux rochers de la Thébaïde.

On se joue encore de notre crédulité, quand on attribue à Menès la construction du Labyrinthe; ce dernier monument est dû aux douze Rois qui se partagèrent l'Egypte après Sabacon. Nous en verrons la description dans l'histoire du Sénat de Rois que nous venons d'indiquer.

Il paraît que Menès, comme tous les despotes qui n'ont pas l'ame de Marc-Aurèle, se livra sur la fin de sa vie à cette mollesse orientale qui semble inséparable du pouvoir absolu. Il introduisit le luxe en Egypte, & dégrada si fort par là le caractère national, qu'un de ses successeurs se crut obligé de graver en caractères sacrés, dans le temple du Jupiter de Thèbes, les malédictions dont il chargeait sa mémoire. Ce crime de Menès envers ses sujets empêcha leur postérité de faire son apothéose.

La mort de ce Pharaon fut plus tragique qu'il ne devait l'attendre, à la fin d'une vie si féconde en merveilles. Après avoir été sauvé par un crocodile, il fut dévoré par un hippopotame.

DES PYRAMIDES

DE L'ÉGYPTE (*a*).

Diodore attribue à Menès l'élévation d'une pyramide à quatre faces (*b*) & qui ne subsiste plus. Comme c'est le premier monument de ce genre que nous rencontrons dans les annales des Pharaons, sa description est ici à sa place. Au reste, il faut bien s'arrêter sur les édifices de l'Egypte, quand l'histoire se tait sur les hommes.

(*a*) Il s'agit ici sur-tout de l'architecture & des proportions de ces monumens. Les détails historiques qui les concernent trouveront leur place dans la vie des Rois à qui on attribue leur construction.

(*b*) *Hist. Univ.* lib. 1, sect. 2, parag. 33.

Les pyramides actuelles se trouvent presque toutes aux environs de l'ancienne Memphis ; il n'y en a point dans la Thébaïde ; ce qui prouve que ces monumens laborieux du plus absurde despotisme ne remontent pas au-delà du second âge de la monarchie.

La montagne factice, revêtue de briques cuites, & terminée par quelques masures irrégulières qu'on voit à une demi-journée de Righah, n'a pu être prise pour une pyramide, que par les Ecrivains qui ne connaissaient ni l'Egypte ni l'architecture (*a*).

Ces deux énormes massifs de pierres de taille, traversés, dans leur centre, par un mur, & qu'on rencontre à Baia-mont, non loin des ruines de l'ancienne

––––––––––––––––

(*a*) Aussi les Turcs appellent-ils cette montagne artificielle Al-Herem-Elkadab (la fausse pyramide). *Voyages de Pockoke*, tome 1, pag. 191.

Arsinoë, ne sauraient encore qu'improprement être appellés des pyramides.

Les vraies pyramides des Pharaons sont toutes à Saccarah & à Gizeh, deux positions de l'Heptanomide qui ne sont éloignées entr'elles que de dix milles. Leur proximité de Memphis annonce assez l'intention des Rois d'y déposer leurs cendres, & de ne point éloigner leurs tombeaux de leur métropole.

Pyramides de Saccarah. — Elles sont au nombre de 18, & s'étendent du nord au sud, le long de la croupe d'une montagne. Comme elles ne sont que du second ordre, les voyageurs qui ont épuisé leur admiration à celles de Gizeh n'y vont jamais, du moins pour les décrire. Pockoke me semble le seul qui n'ait dédaigné aucune de ces prétendues merveilles du monde (*a*).

(*a*) *Voyages de Pockoke*, tome 1, pag. 132. Il s'agit, dans ses calculs, de pieds Anglais, qu'il est aisé de réduire d'après nos Tables.

La première pyramide de Saccarah ne forme point un quarré régulier, car elle a 300 pieds du côté du nord & feulemement 275 du côté du levant. Sa hauteur est de 150 ; elle est composée de 6 degrés de 11 pieds de large & de 25 de haut, quand on les mesure à plomb, car il s'en trouve dix de plus quand on suit l'inclinaison du plan. La plate-forme qui termine cette pyramide forme un parallélograme de 22 pieds 6 pouces sur un peu plus de 50 dans sa grande dimension. Ce monument bisarre, à cause de son irrégularité, est revêtu, à l'extérieur, de pierres brutes, chacune de quinze pouces de haut, à vingt affises par degré. L'intérieur est bâti de cailloux informes, & cimentés par un mortier graveleux. On y a pratiqué, du côté du midi, deux ouvertures.

En avançant du côté du sud-ouest, on voit d'autres pyramides rondes au sommet ; le quarré qu'elles forment est encore irrégulier : l'une a cent pieds du côté du midi , & n'en a que 90 du côté de l'orient ; l'autre en a cent de l'eſt à l'oueſt , & feulement 80 dans l'autre dimenſion. Des pyramides du dernier ordre qu'on rencontre à peu de diſtance de là , ne méritent pas d'être foumiſes au calcul.

Il y a à Saccarah une pyramide aſſez célèbre ; c'eſt celle qu'on appelle *Muſtabait-el-Pharaone* , ou le trône de Pharaon. Suivant une tradition Arabe , c'était-là que s'aſſeyaient les Légiſlateurs de l'Egypte , quand ils publiaient leurs Ordonnances. Ce trône de Pharaon eſt bâti de groſſes pierres , vermoulues & remplies de coquillages ; il a 270 pieds de large du côté du nord , 208 du côté du midi , & feulement 46 de hauteur. Les degrés qui l'entourent fervaient , fans doute , à placer la nombreufe Cour du Pharaon , tandis que lui-même aſſis au fommet , d'une voix de Stentor , il déclamait fa légiſlation. Ces mœurs ne ſont ni celles d'un ſiècle éclairé , ni celles du deſpotiſme ; il eſt probable qu'à cette époque l'Egyptien ne ſavait pas lire , & que les Pharaons n'avaient pas eu le tems de devenir deſpotes.

A environ deux milles du trône de Pharaon, eſt une grande pyramide ; il eſt très-difficile de l'approcher à cauſe de la quantité de décombres qui l'entourent. Pockoke, qui avoue l'avoir meſurée avec peu d'exactitude, lui trouva 710 pieds du côté du nord & 690 du côté de l'orient. Sa hauteur eſt de 345 ; la plateforme qui la termine eſt un quarré-long de vingt pieds ſur quinze ; on y monte par 156 marches ; on croit que cette pyramide eſt celle de la fameuſe courtiſanne Rhodope.

On a pratiqué à un tiers de la hauteur de la pyramide de Rhodope, du côté du nord, une ouverture qui conduit dans l'intérieur du monument ; ceux qui ont le courage de s'engager dans cette route ténébreuſe , en écartant les décombres qui l'obſtruent, trouvent diverſes chambres, entr'autres une de 22 pieds & demi de long, ſur près de douze de large, ayant dix pieds ſix pouces de hauteur. Toutes ces chambres ſont bâties d'une pierre blanche d'un poli admirable ; on remarque dans le joint de chacune une canelure de ſix lignes de large, qui forme un angle pareil à celui des membres d'un triglyphe dans l'ordre dorique. On ſoupçonne que ces appartemens étaient deſtinés à loger des momies.

A environ un mille au ſud, eſt la grande pyramide du ſud (on l'appelle ainſi pour la diſtinguer de celle de Rhodope, qu'on nomme la grande pyramide du nord) : elle a 600 pieds en quarré, & ſa hauteur eſt de 335. Ce qui la diſtingue des autres, c'eſt que ſon angle d'inclinaiſon, à la hauteur de 280 pieds, eſt beaucoup plus grand qu'à ſa baſe. Elle eſt démolie en pluſieurs endroits ; cependant on peut, quand on n'a pas la timidité de l'ignorance, arriver juſqu'à la pointe. On remarque avec étonnement que cette pyramide n'eſt revêtue de pierres de taille, que juſqu'aux deux tiers de ſon élévation.

Si on tourne du côté de l'orient, on rencontre, près de la crête de la montagne, une autre pyramide bâtie de briques crues, entremêlées de gravier & de coquillages ; on la repréſente très-endommagée. Elle a 210 pieds dans une de ſes dimenſions, 157 dans l'autre, & 150 de hauteur. Les autres pyramides de Saccarah n'ont rien qui mérite de fixer nos regards.

Pyramides de Gizeh. — Les plus belles pyramides de l'Egypte ſont celles de Gizeh au nord-oueſt de Memphis, & vers la croupe des montagnes ; elles ont été bâties ſur un roc continu, applani à la pointe du marteau, & que l'art des Architectes a rendu parallèle à l'horiſon.

On diſtingue d'abord, non par ſa

hauteur, mais par la magnificence de fon revêtement, une pyramide qu'il eft difficile de défigner, parce qu'on l'attribue à divers Pharaons. Elle était autrefois couverte entièrement de marbre. Mais les Turcs, dont la pareffe barbare aime mieux dégrader les monumens, que d'exploiter des carrières, enlèvent à chaque inftant ce marbre précieux, pour le transformer en ameublemens de ferrail. Le Souverain ferme les yeux fur ce brigandage; fon defpotifme & fa religion fe réuniffent pour le rendre l'ennemi des arts & des lumières.

On voit auprès, une feconde pyramide moins riche que celle que nous venons de décrire, mais infiniment plus élevée; il eft cependant très-difficile d'en fixer la hauteur, parce qu'elle eft revêtue, du côté de la plate-forme, de pierres de taille très-polies qui règnent tout autour dans un efpace de cent pieds. Un Hiftorien Arabe prétend qu'à fon fommet, on avait élevé un coloffe d'or de quarante coudées, qui repréfentait le Prince dont le corps repofait dans la pyramide; & il ajoutait que ce travail de l'Artifte était fi exquis, qu'à trois lieues de diftance on reconnaiffait encore les traits de la figure & fa phifionomie. N'oublions pas que les Arabes écrivent l'hiftoire en vers, & que leur imagination fait toujours la moitié des monumens qu'elle s'amufe à décrire.

Au midi de ce monument, on trouve trois petites pyramides, dont l'une a cent pieds en quarré & les autres 87; elles font bâties avec trois degrés de 10 pieds de large, compofés chacun de trois affifes de pierres de 4 à 5 pieds de haut, & qui en ont un de faillie. Pockoke penfe que ce font celles qui furent bâties pour les femmes des trois Rois, fucceffeurs de Mycerin; ce qui n'eft rien moins que démontré.

GRANDE PYRAMIDE ou PYRAMIDE DE CHEOPS. —— De toutes les pyramides de Gizeh, ou plutôt de l'Egypte entière, la plus célèbre eſt celle de Cheops. C'eſt auſſi la ſeule que les Européens aient vu avec des yeux philoſophiques, & nous allons nous y arrêter (a).

Une magnifique chauſſée conduit à la pyramide de Cheops. Du tems d'Hérodote, elle avait cinq ſtades de long, cinquante pieds de large, & en quelques endroits quatre pieds de hauteur. Les pierres de taille dont elle était revêtue étaient chargées d'hyéroglyphes ; ce qui ne montrerait que la bizarrerie du génie Egyptien, car l'inondation du Nil & le tranſport perpétuel des matériaux deſ-

---

(a) Nous avons conſulté les *Voyages de* Richard Pockoke, la *Deſcription des Pyramides* de Greaves, Belon, Sandys, le Bruyn, Paul Lucas, Thevenot, Vansleb, le P. Sicard, &c.; mais la *Deſcription de l'Egypte* du Conſul Maillet nous ayant paru l'autorité la plus ſûre pour la deſcription de la grande pyramide de Cheops, nous avons cru, ſur cet article, devoir analyſer, autant que nous avons pu, ſes recherches.

tinés à la conſtruction des pyramides,
devaient, en peu de tems, effacer ces
caractères. Ce. qui reſte aujourd'hui de
la chauſſée eſt encore un ſingulier monument de la patience Egyptienne. Elle
eſt ſoutenue de chaque côté par des épe-
rons ſémi-circulaires d'environ 14 pieds
de diamètre & éloignés entr'eux de 30.
Dans les endroits où le terrein eſt trop
incliné, on a bâti des ponts aſſez ſoli-
des pour réſiſter à la lente deſtruction
des ſiècles. Les Arabes, toujours poètes
dans leurs deſcriptions, prétendent que
cette chauſſée était couverte, dans toute
ſon étendue, d'une voûte ſoutenue par
des colonnes de granit, afin de dérober
aux feux du ſoleil les dévots qui allaient
en pélerinage à la pyramide.

La pyramide de Cheops, malgré la
ſolidité de ſa conſtruction, n'eſt point
parvenue juſqu'à nous dans ſon état primitif. On a ôté au ſommet pluſieurs
aſſiſes de pierres; on a fait éclater avec
violence celles de l'entrée, & on a en-

levé tout le marbre dont ce monument
.était revêtu ; mais cette dégradation n'eſt
point l'ouvrage du tems, c'eſt uniquement celui des hommes.

Les Anciens ne s'accordent pas ſur
les dimenſions de la pyramide. Hérodote
lui donne 800 pieds en quarré (*a*),
Pline 783 (*b*), Diodore 700 (*c*), &
Strabon un peu moins de 600 (*d*). On
ne revient pas de ſa ſurpriſe, quand on
voit de pareilles contradictions ſur un
fait que tout le monde pouvait vérifier,
avec la chaîne d'un Architecte.

Ce qui eſt encore plus ſingulier, c'eſt
que les quatre Hiſtoriens de l'antiquité ſe
trompent ; Greaves, qui meſurait les
monumens de l'Egypte avec la patience
ſcrupuleuſe que Réaumur aurait miſe

(*a*) *Euterpe* ou *lib.* 2.
(*b*) *Hiſtor. Natur.* lib. 36.
(*c*) *Hiſt. Univ.* lib. 1, ſect. 2, parag. 15.
(*d*) *Géogr.* lib. 17.

à mesurer un insecte, ne trouve à la grande pyramide que 698 pieds Anglais en quatré, qui en font à peine des nôtres 657.

On ne peut tirer de lumières des Anciens sur la hauteur de la pyramide de Cheops, parce qu'on a tronqué le sommet; mais s'il est vrai que le plan incliné soit égal à la base, & que les angles & la base forment un triangle équilatéral, Greaves a eu raison de donner à ce monument, tel qu'il existe aujourd'hui, 499 pieds Anglais, c'est à-dire, 439 des nôtres, pour la hauteur perpendiculaire.

Notre Mathématicien Chazelles, encore plus exact que Greaves, alla mesurer lui-même, sur la fin du siècle dernier, la pyramide de Cheops, & détermina sa hauteur à 465 pieds (a). Son

(a) *Mém. de l'Académie des Sciences,* année 1693.

calcul, fait d'après les principes mathé-
matiques, eſt celui qui doit être adopté
dans une Hiſtoire des Hommes.

La ſurface du terrein que couvre la
pyramide, ou l'aire de la baſe, a auſſi
été évaluée. Pline lui donne huit arpens (*a*). Pomponius Méla réduit cet
eſpace à quatre (*b*) ; mais il faut ſe défier ici de l'arithmétique des deux Ecrivains ; d'après le principe mathématique
que les faces du monument ſont des
triangles équilatéraux, l'aire de la baſe
doit être de 72,600 pieds quarrés (*c*),
eſpace qui renferme onze arpens Ro-

(*a*) *Hiſt. Natur.* lib. 36 ; encore dans un ancien manuſcrit de la bibliothèque du Roi, lit-
on ſept arpens au lieu de huit.

(*b*) *De ſitu orbis*, lib. 9.

(*c*) Et non pas quatre cents quatre-vingt mille
deux cents quarante-neuf pieds, comme le diſent
en toutes lettres les Auteurs de l'*Hiſtoire Uni-
verſelle* Anglaiſe, compilation informe où on
ne trouve ni goût, ni critique, ni vérité. Voy.
l'édition in-8°. tome 2, pag. 48.

mains & 726 pieds quarrés de superficie.

Un million huit cents quatre-vingt-un mille cinq cents quarante pieds cubes, forment la solidité de la pyramide.

On ne compte de la base de cette masse énorme, jusqu'à la plate-forme qui la termine, c'est-à-dire dans une hauteur de 465 pieds, que 208 pierres d'assise; aussi sont-elles toutes d'une grosseur monstrueuse; celles qui environnent les routes tracées dans l'intérieur de la pyramide sont des cubes de dix à douze pieds. Le Consul Maillet dîna sur une de ces pierres, & la table fut mise pour dix convives, ce qui ne gêna en rien la liberté du service (a).

Les Egyptiens, les Grecs & les Arabes ont sans doute exagéré le nombre d'ouvriers qu'on fut obligé d'employer pour l'érection de ce monument de la

____

(a) *Descript. de l'Egypte*, tom. I, pag. 320.

vanité des Pharaons ; mais quand, dans le silence du cabinet, un Philofophe, après avoir raffemblé les faits, veut affeoir les réfultats, il ne peut fe difpenfer de reconnaître qu'un Roi paifible dans fes Etats n'a pu exécuter ce grand ouvrage en moins de vingt ans ; qu'il a dû faire travailler fans relâche cent cinquante mille hommes, & que malgré la faibleffe de la paye de ces efclaves, il en a coûté au tréfor royal deux cents millions.

Cette dépenfe doublerait peut-être fi la pyramide avait été toute entière revêtue de marbre, car les carrières les plus voifines où on trouvait la matière de ce revêtement, confinaient au mont Sinaï ou à l'Ethyopie.

Pour conftruire cet énorme maffif, on fut obligé de pratiquer des degrés de diftance en diftance. Les Artiftes, grace à cette efpèce d'échaffaut, arrivèrent au faîte ; enfuite quand il fallut revêtir la pyramide, on commença par le faîte,

& on arriva en defcendant jufqu'à la bafe; par ce moyen les degrés difparurent.

Le Pharaon qui imagina ce monument, avait eu un motif particulier pour le rendre inacceffible; c'était de dérober fon entrée aux regards, & d'empêcher par-là que des facriléges ne vinffent troubler l'afyle où repofait fa cendre.

Cependant foit que le marbre qui formait ce vafte glacis fe fût écaillé par le laps des fiècles, foit que la cupidité l'eût dégradé, il y avait, du tems de Pline, des Egyptiens affez adroits pour grimper jufqu'au fommet de la pyramide (a).

L'Egypte étant tombée au pouvoir des Arabes, le marbre de la pyramide tenta les Lieutenans des Califes; on l'enleva peu-à-peu, & alors les degrés reparurent.

(a) *Hift. Natur.* lib. 36.

Les Anciens n'ont point parlé du nombre de degrés de la pyramide de Cheops. Les Modernes y ont suppléé, mais aucun d'eux ne s'accorde, comme c'est l'usage des Voyageurs. Belon en compte 250, Sandys 255, Albert Lewenstein 260, Paul Lucas 243, Richard Pockoke 212, le Bruyn 210, le Consul Maillet 208 & Greaves 207; ces degrés, au reste, sont construits avec une telle précision géométrique, qu'un fil tendu du sommet du monument jusqu'à sa base, les toucherait tous par leurs angles externes; ce qui excite l'admiration de tout ce qui n'est pas Architecte.

Les dimensions qu'on vient de donner de cette pyramide, ont fait croire à quelques Voyageurs qu'il était impossible qu'une flèche, lancée du sommet, tombât au delà de la base; mais ils se trompent évidemment. Une telle distance n'est point hors de la portée de l'arbalète; & Cambyse, du haut de la plate-forme, aurait très-bien pu percer le cœur du fils de Prexafpe, placé au-delà du dernier degré de la pyramide.

Maintenant, pour ne rien laiffer à defirer fur le monument qui nous refte, dirai-je du génie de l'Egyptien, dirai-je de fa patience, entrons avec le philofophe Maillet dans l'intérieur de la pyramide.

Ce ne fut pas une entreprife aifée que de pénétrer dans cet énorme maffif fermé depuis tant de fiècles, & dont le fecret était perdu depuis la mort de l'Architecte ; mais la cupidité Aràbe franchit tous les obftacles ; & fi à cet égard la curiofité de l'ami des arts eft fatisfaite, elle le doit uniquement au brigandage des Califes.

L'entrée de la pyramide eft au nord (*a*)

***

(*a*) Ici nous prenons uniquement pour guide le Conful Maillet ; nous analyfons fes recher-ches, & quand il s'agit du technique des defcriptions, nous nous contentons quelquefois de le tranfcrire.

& on la voit cent pieds au-deſſus de ſa baſe. Elle était originairement fermée par une eſpèce de rocher poli à l'extérieur avec le plus grand ſoin, & faiſant corps avec le reſte du maſſif. Quand on ſe fut rendu maître de cette clef du monument, on trouva un canal de cent pieds de long & de trois pieds trois pouces en quarré qui menait, par une pente rapide, aux ſalles qui ſervaient de tombeau au Pharaon. Mais ce canal même était obſtrué dans toute ſon étendue par des pierres qui le rempliſſaient hermétiquement, & qui, à l'aide d'un ciment, ſemblaient s'incorporer avec ſes parois. L'Arabe induſtrieux trouva moyen de diſſoudre peu-à-peu le ciment, & retira les pierres. Il eſt certain que la chymie ſeule put opérer cette merveille, car le canal n'eſt point dégradé, & on admire encore tous les jours le poli de ſa ſurface.

Les ſeules dégradations qu'on remarque dans cette partie de l'intérieur du monument, font des creux de deux ou trois doigts de profondeur, faits à coups de marteau, & pratiqués de diftance en diftance, dans les endroits où la defcente eft le plus rapide, pour fervir de points d'appui aux obfervateurs, & leur faciliter l'entrée & le retour de la pyramide.

Le Conful Maillet croit que les pierres de ce canal fingulier font toutes du marbre le plus fin ; mais ce n'eft qu'une conjecture ; la furface des parois eft tellement noircie par la fumée dés torches qu'on y brûle depuis tant de fiècles, pour repaître la curiofité des Voyageurs, qu'il eft impoffible de reconnaître leur nature. Les pierres mêmes font unies entr'elles avec tant d'art, que leurs joints ne peuvent être preffentis avec la pointe d'un inftrument.

Quand ce premier canal fut libre, il s'en préfenta un fecond qui remontait vers le fommet de la pyramide, & le travail des Arabes devint plus pénible

que jamais. L'emplacement était infiniment étroit, & il fallait travailler au-
deſſus de ſa tête, couché ſur le dos,
& au haſard d'être écraſé à chaque moment par la chûte du maſſif. Les Ar-
tiſtes perſévérèrent, & la pierre ſe détacha ; mais comme à celle-là en ſuccéda
une ſeconde, & à cette ſeconde une
troiſième, on vit bien qu'il faudrait
pluſieurs années, avant d'arriver au faîte
de la pyramide. Le Calife, preſſé de
jouir des tréſors dont ſa cupidité le
berçait, fit creuſer alors, dans le canal
horiſontal, une route forcée de quarante
pieds de long, ſur huit, tant de largeur
que de hauteur. Ce travail achevé, on
retourna vers le canal perpendiculaire &
on enleva d'un des côtés trois ou quatre
pierres, qui firent quinze ou vingt pieds
d'ouverture. Cet expédient réuſſit, & on
parvint enfin à déboucher le canal ; mais
comme la violence ſeule y avait eu part,
toute cette partie du monument fut dé-

gradée, & le canal, de quarré qu'il était, devint presque circulaire.

Arrivé à l'extrémité du canal perpendiculaire, on trouva que la partie supérieure manquait. On reconnut même qu'il avait perdu un pied de sa capacité, puisqu'il n'avait plus que deux pieds & demi de profondeur. Cependant cet espace s'étendant de part & d'autre, donnait au vuide une largeur d'un peu plus d'une toise; ce qui composait, de chaque côté du canal, des élévations ou petits bancs de trente pouces d'élévation & de dix-huit de large, s'étendant de bas en haut dans le même sens que le premier canal, par un espace de cent vingt-quatre pieds de distance en distance. Ces bancs étaient percés par des ouvertures longues d'un pied, larges de six pouces & profondes de huit qui étaient perpendiculaires. Le canal & les bancs aboutissaient à une petite esplanade.

Les côtés de la galerie s'élèvent au-dessus des bancs de vingt-cinq pieds.

D'abord jufqu'à la hauteur de deux toifes, le mur eft parfaitement égal ; il fe
trouve enfuite rétreci par une pierre qui
avance de trois doigts. A trois pieds au-
deffus de celle-là, une autre pierre fait
la même faillie, & ainfi de même d'une
troifième & d'une quatrième ; il ne refte
plus au-delà que quatre pieds de mur
jufqu'au fommet. Il eft probable que
toute cette élévation était néceffaire à
l'Architecte pour placer les pierres deftinées à former la galerie.

Toute cette partie du monument étant
nettoyée des pierres qui la fermaient,
on apperçut une nouvelle plate-forme
de dix pieds de long, fur une hauteur
égale, au bout de laquelle était une prolongation du canal, & qui formait à
l'entrée de la galerie un triangle de quatorze à quinze pieds d'étendue. En même
tems, au niveau de la plate-forme, &
fur la gauche du canal qui conduifait
dans la galerie, on découvrit une voûte
qu'on foupçonna devoir mener à quel-

qu'endroit fecret de la pyramide ; on brifa les pierres qui formaient la voûte, & après avoir prolongé ce travail jufqu'à une diftance de cent dix-huit pieds, on arriva en effet à une chambre voûtée qu'on pouvait regarder comme le veftibule du tombeau du Pharaon.

Avant d'entrer dans la chambre voûtée, nous obferverons que toutes les pierres qui compofent la partie fupérieure du canal de cent dix-huit pieds, font fendues tranfverfalement. Le Conful Maillet incline à croire que c'eft l'effet d'un tremblement de terre ; mais puifque tous les autres ouvrages de la pyramide font fains & entiers, il eft évident que ces fautes accidentelles viennent d'un refoulement de cette maffe énorme, plus pefante de ce côté-là qu'ailleurs, & non d'une fecouffe de tremblement de terre qui n'aurait pu agiter le canal de cent dix-huit pieds, fans rompre l'équilibre de toute la pyramide.

Cette première falle a dix-fept pieds

& demi de long fur quinze pieds dix pouces de large; à l'orienr eft une niche enfoncée de trois pieds dans le mur & de huit de hauteur, qui fervait fans doute à loger une momie. Le Voyageur philofophe qui nous guide eft perfuadé que c'était le corps de l'époufe du Pharaon qui avait bâti la pyramide.

Il eft probable que les Arabes, entrés dans ce fallon & n'y voyant qu'une momie, imaginèrent que le tréfor qu'ils cherchaient était fous leurs pieds. On s'en apperçoit à une ouverture qu'ils firent, avéc violence, au travers de plufieurs pierres inégales, & par laquelle on peut pénétrer, à la profondeur de vingt-cinq pas, dans l'intérieur du monument. On fit la même tentative dans une feconde falle perpendiculaire à celle-ci, & plus haute de cent pieds, où était peut-être inhumé le Pharaon lui-même; mais toutes ces recherches laborieufes ne fervirent qu'à dégrader la pyramide.

Cette feconde falle était l'objet des

vœux du Calife ; il ne doutait pas que s'il pouvait y pénétrer, il ne devînt affez riche pour mettre la terre entière fous le joug du Prophête. L'Architeɛte, pour entrer dans fes vues, fit travailler à la hauteur de l'efplanade qui fe trouvait à l'extrémité fupérieure de la galerie. En effet on y remarquait une prolongation du canal de trois pieds trois pouces, parfaitement fermée, & on fe propofa de la défobftruer. La première & la feconde pierre ne fe détachèrent qu'avec des peines infinies ; on le reconnaît par des fragmens de la pierre fupérieure qu'on fut obligé de faire éclater avec violence, pour avoir prife fur celle qu'on voulait arracher. L'ouverture qu'on fe ménagea par ce moyen dans la prolongation du canal, était de fept pieds & demi de longueur. On voulut continuer l'extraɛtion, mais la troifième pierre ne put fortir, parce qu'elle fe trouvait plus haute & plus large que l'ouverture ; c'était le dernier refuge de l'Artifte Egyptien, pour donner le change à ceux qui auraient violé le tombeau de la Reine, &. les empêcher de chercher plus loin la salle mystérieuse du Pharaon qui se trouvait à douze pas de-là , & où ses trésors devaient être cachés, supposé qu'on les eût renfermés avec sa cendre. Les Arabes profanateurs ne donnèrent point dans le piége. Ils attaquèrent la pierre réfractaire à la pointe du marteau & la brisèrent. Elle avait six pieds de long, quatre de large & au moins cinq de hauteur. Après sa chûte, un vuide beaucoup plus grand que la place qu'elle occupait se présenta aux yeux de l'Architecte.

Au haut de ce vuide il y avait dans le mur, qui, de part & d'autre formait le canal , un enfoncement d'un pied , soit de hauteur, soit de profondeur. Ces enfoncemens avaient été pratiqués à dessein. Ils servaient à placer des leviers de traverse destinés à soutenir des cables, auxquels la grande pierre dont on vient de parler, était fufpendue, jufqu'à ce que le corps du Pharaon eût été renfermé dans fa tombe.

Le refte de l'ouverture pratiquée dans le canal, & qui précédait l'intervalle occupé par la grande pierre, avait été ménagé pour retirer les ouvriers après leur travail, & ce vuide même fut enfuite fermé par une autre pierre où on avait fcellé deux anneaux, & qui fut amenée fous l'ouverture. Aux deux anneaux furent accrochées deux chaînes, qui correfpondaient au-deffus d'une troifième pierre plus pefante, & fufpendue fur le haut de l'ouverture, occupée par la grande pierre qui l'avait laiffée vuide en tombant fur le canal. Les cables qui foutenaient ce bloc énorme, avaient un pilier pour point d'appui. Quand on voulut faire ufage de ce méchanifme myftérieux, on pefa fur la pierre inférieure, tandis que les ouvriers fe retiraient. Auffitôt après leur retraite, on ceffa de pefer & la pierre fut enlevée par le contre-

poids dans le lieu qu'elle devait occuper, & où elle fut arrêtée par une efpèce d'écuſſon.

Il n'y avait qu'un intervalle d'une
toiſe entre ce dernier vuide & la ſalle
royale ; & les Arabes , vainqueurs de
tant d'obſtacles, y parvinrent enfin. Cette
ſalle eſt à voûte plate , compoſée de
neuf pierres ; les ſept du milieu ont
quatre pieds de large ſur plus de ſeize
de long. Il ne paraît que deux pieds
de chacune des deux autres ; le reſte eſt
caché par les murs ſur leſquels elles re-
poſent. La ſalle elle-même a trente-deux
pieds de long ſur ſeize de large & dix-
neuf de haut. Nous ignorons aujourd'hui
ce que les Arabes découvrirent dans ce
ſanctuaire de la pyramide. Ce ſecret
d'Etat n'a point été révélé par les Agens
du Calife. On n'y trouve maintenant
qu'une caiſſe de granit d'environ huit
pieds de long, ſur quatre, ſoit en largeur, ſoit en hauteur ; & ſi elle ſubſiſte
encore dans ſon entier, c'eſt qu'on n'au-

rait pu la tirer de la salle sans la briser
Il est vraisemblable que cette caisse renfermait la momie du Pharaon. On ne
découvre cependant aucune trace des
caisses qui devaient renfermer les corps
des Egyptiens destinés, suivant les usa-
ges antiques, à lui tenir compagnie.

Quelques sceptiques ont douté que
l'extravagance du pouvoir absolu allât
jusqu'à exiger qu'on enterrât tout vifs,
dans le mausolée d'un Despote, les hommes que pendant sa vie il avait feint
d'aimer. Mais le doute doit disparaître
à l'inspection de l'intérieur de la pyramide. Précisément au milieu de la salle
royale, sont deux trous placés vis-à-vis
l'un de l'autre, & à trois pieds & demi
d'élévation au-dessus du pavé. Celui du
nord est un parallélogramme d'un pied
dans une de ses dimensions, sur huit
pouces dans l'autre, & pénètre, par une
ligne droite, jusqu'à l'extérieur de la
pyramide. On verrait encore le jour au
travers, s'il ne s'était glissé quelques

pierres, à une toife de fon ouverture. Le trou percé du côté de l'orient eft parfaitement circulaire ; il s'élargit peu-à-peu jufqu'à ce qu'il ait un pied de diamètre, & va en defcendant fe perdre vers le bas de la pyramide. Il eft évident que le premier de ces trous était deftiné à procurer de l'air aux gardes de la momie du Pharaon, & que l'autre fervait à jetter les immondices.

Le canal où circulait l'air extérieur dut auffi être ménagé pour procurer des alimens aux malheureux qu'on renfermait tout vifs dans ce tombeau. Un coffre attaché par une double corde & tiré endehors & de l'intérieur de la pyramide, fuffifait pour rendre ce devoir pieux & barbare. Toutes ces victimes du defpotifme s'enfévelirent les unes les autres, excepté celle qui eut le malheur de leur furvivre. Quand le coffre ceffa d'être retiré de l'intérieur de la pyramide, on jugea que perfonne ne vivait dans le

tombeau du Pharaon , & on ferma l'ouverture.

Après avoir lu la defcription de la
pyramide, on eft embarraffé de favoir
où était placé le magafin de pierres
deftinées à fermer tant de canaux , &
comment les ouvriers s'y prirent pour
remplir à cet égard les vues politiques du Pharaon. Le problême s'expli-
que par la découverte du fecret de la
galerie.

Nous avons vu que dans les bancs
du canal de cent vingt-quatre pieds ,
qui régnait au fond de la galerie , il
y avait des mortoifes perpendiculaires ,
placées de diftance en diftance , & confervant d'un côté à un autre une parfaite correfpondance. Ces ouvertures
avaient été ménagées, lors de la conftruction de la galerie , afin de pouvoir placer dans chacune une pièce de bois , dont
on avait coupé fix pouces par le bas à-la
hauteur de huit doigts , felon le fens
& la capacité des mortoifes. Ces folives

soutenaient un échaffaud deftiné à porter les pierres néceffaires pour remplir tous les vuides, & pour obftruer le canal même de cent vingt-quatre pieds. Du fond de la galerie à l'échaffaud, il y avait un efpace de près d'une toife de hauteur, qui fuffifait pour le paffage des conftructeurs de la pyramide.

Nous avons remarqué que du fond du canal à la voûte de la galerie, il y avait vingt-fept pieds & demi d'élévation ; or, en fuppofant une toife pour le paffage des ouvriers, il en reftait vingt-un & demi de l'échaffaud à la voûte, & cet efpace était plus que fuffifant pour mettre les trois rangs de pierres de trois pieds & demi de hauteur, néceffaires pour fermer tous les canaux, ouverts aujourd'hui. Quant à l'intervalle qui reftait encore au-deffus des trois piles, il eft probable qu'on l'avait rempli de nouvelles pierres confacrées à obftruer d'autres canaux qu'on ne connaît pas dans l'intérieur de la pyramide ; car on ne saurait imaginer qu'on eût exhauflé la galerie au-delà de l'emplacement né-ceffaire, au rifque d'affaiblir tout le corps de l'édifice.

La manière dont on rempliffait les vuides de la pyramide doit fe preffentir d'après notre defcription de fon intérieur. Par exemple, il fallait dix-neuf pieds & demi de pierres pour remplir le canal qui conduifait à la falle royale. On defcendit d'abord de l'échaffaud fur l'efplanade une pierre d'une toife, & on la pouffa jufqu'à l'entrée de la falle, où elle fe trouva arrêtée par le pavé, fupérieur de deux doigts au fond du canal ; à celle-là en fuccéda une autre de la même groffeur. C'eft celle dont nous avons déja parlé & que l'Architecte avait fufpendue dans le vuide. Auffi-tôt que les ouvriers eurent abandonné la capacité qu'elle occupait, par l'ouverture qu'on avait ménagée, & que cette ouverture même eut été fermée, on tira de l'échaffaud deux nouvelles pierres , qui avaient entr'elles deux , sept pieds & demi , & le canal alors fut fermé.

On doit suppofer , dit le Conful philofophe qui nous guide , que pour faciliter l'exécution de cet ouvrage , on avait attaché au mur du fond de la galerie & vis-à-vis des pierres rangées fur l'échaffaud , une forte potence de fer , portant une poulie & un cable , à la faveur defquels les ouvriers pouvaient tirer les pierres & les defcendre fur la plate-forme d'où ils manœuvraient. Il faut imaginer encore que fur la furface extérieure des pierres , on avait pratiqué un trou quarré rempli par une pièce de fer furmontée de deux anneaux. A la faveur de cette méchanique , on pouvait tirer les pierres de l'échaffaud , les fufpendre , les pofer doucement fur la plate-forme , & les conduire enfuite fur les vuides qu'elles étaient deftinées à remplir.

Quand toutes les routes myftérieufes

de ce labyrinthe se trouvèrent fermées, il fallut faire sortir les constructeurs de la pyramide; on avait ménagé à cet effet un puits à l'entrée de la galerie qui descend un peu en biaisant, & par une ligne qui, par conséquent, n'est pas tout-à-fait perpendiculaire à l'horison. Maillet représente ce puits sous la forme d'un Lamed Hébreu. Après l'avoir prolongé jusqu'à soixante pieds vers le bas de la pyramide, on pratiqua une fenêtre quarrée qui communiquait à une grotte taillée dans la montagne. Les ouvriers arrivés à la grotte n'étaient pas libres encore; il fallait, de-là, entrer dans une coulisse creusée dans le rocher, & descendant par une ligne presque perpendiculaire l'espace de cent vingt-trois pieds; c'est alors que les constructeurs de la pyramide purent jouir de la lumière.

Le secret de la construction étant l'unique but que se proposait l'Architecte du Pharaon, il est probable que la couliſſe même de la montagne fut obſtruée après la retraite des ouvriers ; il ſuffiſait, pour remplir ce but, de ſuſpendre à l'extrémité ſupérieure une file de pierres qui, à l'époque indiquée, tombèrent dans le canal par le moyen d'un reſſort qu'on fit jouer, & fermèrent cette entrée pour jamais.

. Telles furent les précautions que les Pharaons employèrent pour empêcher des ſacriléges de violer l'aſyle de leur tombe. Tant que leurs dynaſties ſubſiſtèrent, les pyramides furent reſpectées. Alexandre & les Ptolémées, tout abſolus qu'ils étaient, ne tentèrent point d'ouvrir de pareils monumens ; . Rome & Conſtantinople, ſatisfaites d'être nourries par l'Egypte, la laiſsèrent poſſéder en paix la cendre de ſes Monarques ; mais lorſque l'iſlamiſme commença à peſer ſur le globe, les idées changèrent ; l'Arabe, propagateur de l'ignorance & l'ennemi né de tous les cultes qui n'étaient pas le ſien, mit ſa religion à brûler les temples étrangers , à renverser les monumens & à violer les tombeaux. Telle eſt l'époque de l'ouverture des pyramides.

Et ſi l'Architecte des Califes mit tant de précautions à s'ouvrir les routes myſtérieuſes de la pyramide de Cheops, ce n'eſt pas qu'il craignît de la dégrader ; ſon objet était uniquement de parvenir aux tréſors immenſes qu'on croyait renfermés dans la tombe du Pharaon. C'eſt à l'inſatiable cupidité des ſucceſſeurs du Prophête Arabe que nous devons , ſi le plus ſingulier monument de l'induſtrie Egyptienne ſubſiſte encore.

On croit que l'ouverture de la pyramide de Cheops ſe fit par l'ordre du Calife Mahmoud, qui régnait à Bagdad au commencement du neuvième ſiècle. D'autres attribuent , mais ſans fondement, ce trait d'avarice ſacrilége au fameux Aaron Raſchild , le plus éclairé des ſucceſſeurs de Mahomet , & le ſeul

qui tenta de donner aux Arabés un fiècle d'Augufte.

L'hiftoire de cette entreprife , uniquement écrite par les Arabes , n'eft rien
moins qu'authentique. On fuppofe, par
exemple , que la grande pyramide ne
fut ouverte que fur un plan exact de
l'intérieur, donné au Calife par un defcendant de l'Architecte qui l'avait fait
conftruire. Mais la violence qu'on a
été obligé d'employer quelquefois pour
s'ouvrir des routes nouvelles , décèle
vifiblement l'incertitude des recherches.
De plus , eft-il probable qu'un fecret ,
jugé fi important par des Defpotes, ait
été héréditaire dans la famille d'un de
leurs efclaves ? Si c'eft Cheops qui a
réellement bâti la pyramide, ce Prince,
que nous verrons bientôt l'ennemi né
des dieux & des hommes, aura probablement fait périr fon Architecte , pour
prévenir l'abus de fon fecret. C'eft ainfi
que l'Artifte qui imagina l'abominable
taureau de Phalaris y fut le premier

renfermé. Telle est la marche ordinaire de la tyrannie.

Il faut encore douter du récit des Arabes sur l'inscription du tombeau de la chambre royale. Leurs Ecrivains, accoutumés à ne traiter l'histoire que comme un sujet d'apologues, prétendent que quand l'Architecte du Calife entra au lieu où était déposée la cendre du Pharaon, il n'y trouva que des momies, & sur le mur du monument cette maxime sculptée en lettres d'or : *L'impie commettra l'impiété sans fruit , mais non sans remords.* J'incline en effet à penser qu'il n'y avait tout au plus, dans la chambre royale, que des idoles & des vases frivoles de sacrifices. Mais assurément l'inscription n'est qu'une rêverie philosophique; on n'en découvre aucune trace, & si elle avait existé, elle n'aurait pu l'être que dans la langue sacrée du premier âge de la Monarchie, c'est-à-dire, en hyéroglyphes.

Les Historiens Arabes ne s'accordent

ni entr'eux, ni avec les Grecs, fur le nom du Pharaon qui conftruifit la grande pyramide. Quelques-uns attribuent cet ouvrage à des géants qui peuplaient le monde avant l'homme, dont Moyfe fait la tige de tous les peuples. D'autres en donnent la gloire à un Roi imaginaire nommé Saurid, qui vivait avant le déluge de Noë, & ils s'appuient fur une infcription bien digne en effet de l'âge des fables; en voici le fens : » Moi, » Saurid, j'ai conftruit les pyramides, » & je les ai élevées à leur comble dans » l'efpace de fix ans; s'il eft un Roi » qui foit jaloux de ma gloire, je lui » donne. fix cens ans pour détruire mon » ouvrage. Les pyramides achevées, je » les revêtis en entier de fatin; qu'un » autre vienne & les couvre de nattes; » ce travail fuffira pour éternifer fa mé- » moire.

Le plus grand nombre des Orientaux fe réuniffent à faire de Giam le conftructeur de la pyramide de Cheops. On fe

rappelle sans doute l'histoire de ce paladin de la Perse , qui, après avoir bâti
quelques villes & subjugué quelques peuples, s'imagina qu'il était devenu égal
à l'intelligence qui anime l'astre de la
lumière , & qui, après un règne de sept
cents ans, se vit scier en deux par l'ordre
d'un Arabe , jaloux de la couronne de
ce frère du Soleil.

Ce Giam , disent les Arabes, conquit le monde entier; & comme l'E-
gypte , à cette époque, n'existait pas encore, il fut du moins maître de la mer,
du sein de laquelle devait naître un jour
la Monarchie des Pharaons.

Giam aimait beaucoup à faire des tombeaux. Il commença par en élever un
de marbre noir , au centre duquel était
un dôme soutenu de cent colonnes de
jaspe & de porphyre , qui servait de
couronnement à un trône d'or massif,
enrichi de pierreries. Le statue de son
père , toute étincelante de diamans ,
fut placée sur le trône , & autour on

en rangea quarante autres de l'or le plus pur, qui renfermaient les momies d'autant de Princes de sa dynastie. Ce porphire, cet or, ces diamans, ne coûtaient rien, même à l'imagination des Arabes; ils ne faisaient en cela que copier le voyage des sept cieux, exécuté par le Prophête.

Quand Giam eut érigé des tombeaux à tous les Rois de sa maison, il voulut ériger le sien. Il vint alors en Egypte, (quoiqu'à cette époque il n'y eût point d'Egypte) & il bâtit la grande pyramide. Comme ce héros était un géant qui avait des Encelade & des Briarée à ses ordres, il ne lui fut pas difficile de conduire ce monument à son comble. Les blocs de marbre s'élevaient tout taillés sous le compas de l'Architecte, comme les remparts de Thèbes sous la lyre d'Amphion. Mais l'histoire ne doit pas s'appesantir sur de pareils contes, qui pourraient faire douter même de l'existence des pyramides.

Diodore rapporte une tradition Egyptienne qui transporte à un Roi très-obscur, nommé Arméos, la gloire d'avoir élevé la grande pyramide. Une tradition Asiatique veut qu'on en rende hommage à la mémoire d'une Reine Daluka. Manéthon dit expressément que c'est Souphis, second Roi de sa quatrième dynastie. Quelques enthousiastes d'Hermès en font honneur à ce Grand Visir de Saturne. Mais le nom de Cheops semble celui qui a été adopté par les siècles pour désigner l'auteur de ce singulier monument de l'industrie Egyptienne. Nous verrons, dans l'histoire de ce Pharaon, si la postérité n'a pas vu avec un peu trop d'indulgence les rêveries d'Hérodote.

Vues Philosophiques sur les Pyramides. — La gloire de l'Egypte ne vient point de l'antiquité de sa monarchie. Cette puissance ne naquit que d'hier, si on la compare avec ces Atlantes, ces

Aſſyriens, ces Phéniciens & ces Perſes, dont la généalogie ſemble ſe confondre avec l'origine du globe. Il ne faut pas attribuer cette gloire à la ſageſſe de ſes loix. Nous verrons bientôt s'il peut y avoir des loix ſages, quand l'exécution en eſt confiée à un Deſpote. Il y aurait du délire à la chercher dans l'énergie du caractère de ſon peuple : eſpèces d'automates faits pour ouvrir leur intelligence à tous les préjugés, & pour plier leur tête docile ſous le joug de tous les Conquérans. Cette gloire dérive uniquement de la conſtruction des pyramides, & c'eſt ici que l'Hiſtorien des Hommes a beſoin de ſes balances.

D'abord il eſt très-douteux que l'Egyptien, qui n'a rien inventé, ait imaginé les pyramides. Les premiers peuples du globe ont été dans l'uſage d'éever la terre autour de la tombe de leurs héros, & de revêtir ce tertre factice de pierres de taille, pour en prévenir l'éboulement. La hauteur du monument était proportionnée à la renommée du grand homme dont il renfermait la cendre, & je ne ferais point étonné que toutes ces montagnes factices qu'on rencontre de tems en tems en Afie, ne fuffent d'antiques tombeaux, dont la cupidité a fait difparaître le revêtement.

Le Voyageur philofophe, Richard Pockoke, a rencontré dans la Syrie plufieurs de ces montagnes faites de main d'homme, dont les murs d'appui fubfiftaient encore, & qui portaient fur leur cîme de petites fortereffes (*a*); & il ne doute point que ce ne fuffent les tombeaux des héros du premier âge.

Il eft évident que les montagnes revêtues des Syriens ont fait naître l'idée des pyramides.

Encore la forme quadrangulaire adoptée par les Egyptiens étant bien plus

______

(*a*) *Voyages,* tome 1, liv. 1, chap. 6.

commode pour le revêtement que la
forme circulaire des modèles, on peut
soupçonner que leurs Artistes, en sim-
plifiant la construction de leurs édifices
funèbres, ont moins cherché à montrer
du génie, qu'à éluder les difficultés de
l'architecture.

Le but moral de ces monumens, si
empreints dans les montagnes factices des
peuples de l'Asie, est encore manqué
dans les pyramides. On n'érigeait, dans
les premiers âges, de pareils mausolées qu'aux grands hommes; en plaçant
leur cendre sur des hauteurs que la nature n'avait point faites, on indiquait à
un peuple, ami des emblêmes, l'élévation de leur génie, & on commandait
l'admiration aux siècles à naître. Mais
quand, dans des tems postérieurs, on
surchargea le sol de Memphis de pyramides, quel service leurs constructeurs
rendirent-ils à la morale universelle?
Ce ne fut pas la voix des peuples qui
décerna l'honneur de ces mausolées, mais

le caprice d'un Defpote ; au lieu des mains libres de la reconnaiffance qui devaient ériger un tombeau au bienfaiteur des hommes, on vit des efclaves, courbés fous le poids de leurs chaînes, arrofer de leurs larmes & de leur fang ces monumens qu'ils élevaient pour éternifer la mémoire de ieurs Nérons ou de leurs Sardanapales.

Il eft très-important d'obferver que dans cette foule de pyramides, dont on voit encore les débris en Egypte, il n'y en a pas une qui renferme la cendre d'un grand homme. Les noms de toutes ces auguftes momies qu'on y dépofa, font oubliés ou dignes de l'être. On ignore même quels furent les orgueilleux infenfés qui élevèrent ces maffes énormes; les traditions orientales ne femblent s'accorder que fur celles de Cheops & de Rhodope ; l'un était un athée, & l'autre une courtifanne.

Si du but moral des pyramides, on defcend à un examen raifonné de leur ſtruƈture, on ne tarde pas à s'étonner de ſon enthouſiaſme pour ces prétendues merveilles du monde.

L'idée d'enfermer une momie de cinq pieds entre près de deux millions de pieds cubes de pierres, eſt d'abord la ſuprême extravagance pour l'homme de goût, qui n'admire les ouvrages de l'art que dans leur proportion avec la belle nature.

Un mauſolée, s'il n'eſt point fait au berceau de l'art, doit annoncer, par ſa forme extérieure, le but de l'Architeƈte. Tel fut l'antique monument de l'époux d'Artémiſe. Tels nous voyons dans nos temples les tombeaux du Maréchal de Saxe, ou du Cardinal de Richelieu. Mais que déſigne un amas quadrangulaire de pierres de tailles ſans colonnes, ſans or-nemens funèbres & ſans ſtatues ? Si l'hiſ-toire ne nous éclairait pas ſur l'uſage des pyramides, on ſerait moins tenté de les prendre pour des mauſolées que pour des obſervatoires.

La maſſe énorme de la pyramide n'atteſte pas la grandeur du génie Egyptien, mais ſeulement l'excès du deſpotiſme des Pharaons. C'eſt Xerxès qui jette un pont ſur la mer ; c'eſt Alexandre qui veut que le mont Athos devienne une de ſes ſtatues.

Le tranſport de quelques blocs de pierre de douze pieds de diamètre à la hauteur de près de quatre-vingt toiſes, nous étonne d'abord : cependant à faire taire l'enthouſiaſme de préjugé, on ne voit dans ces travaux d'autre prodige que celui de la patience. Un Deſpote qui a trois cens mille bras d'eſclaves à ſon ſervice, pendant vingt ans, peut tout faire, excepté des ouvrages de génie. Le grand art eût été de former avec un petit nombre de bras ces montagnes de pierres de taille, ainſi que Michel Ange a fait quand il a tranſporté le Panthéon ſur le dôme de Saint-Pierre. Mais un Michel Ange ne proſtituerait pas ſon talent à faire des pyramides.

Il ne reste plus, pour justifier l'admiration de la multitude , que l'adresse ingénieuse avec laquelle les Architectes des Pharaons fermaient les routes mystérieuses de leurs pyramides ; mais le talent qu'ils mettaient à exécuter en ce point les vues étroites du despotisme , est d'un ordre très-subalterne ; il y a peut-être vingt fois plus de combinaisons dans les automates d'un de nos fameux Machinistes , que dans ces pénibles jeux d'architecture , ordonnés par la jalousie des Pharaons. Cependant je doute que la célébrité de Vaucanson dure autant que les pyramides.

On peut augmenter tant qu'on veut le nombre des merveilles de l'ancien monde. Mais il me semble qu'un tombeau en pyramide, dût-il, par sa hauteur, défier les nuages , ne vaut pas , dans l'ordre des chef-d'œuvres de l'esprit humain, un monument comme le théâtre de Pompée, ou même un simple morceau de sculpture , comme l'Apollon du Belvedère, ou le groupe de Laocoon.

Parmi les enthousiastes de l'Egypte, il s'est trouvé encore des Astronomes qui, prêtant aux Prêtres d'Héliopolis un génie qu'ils n'avaient pas, ont tiré des résultats sans nombre de l'exactitude avec laquelle ils ont orienté les pyramides.

Il est vrai que les quatre faces des pyramides sont tournées vers les quatre points cardinaux ; ce qui n'est pas un grand effort de génie ; l'ombre d'un style suffisait pour cela, sans même qu'on fût obligé d'observer une étoile au passage du méridien.

Les Prêtres, qui orientaient si bien les tombeaux de leurs Rois, étaient, dans l'origine de la civilisation de l'E-gypte, si ignorans en astronomie, qu'ils furent obligés d'apprendre du Philosophe Thales, comment on pouvait, par le moyen de l'ombre d'une pyramide, me-surer sa hauteur (*a*). L'orgueil de ces

_____

(*a*) Le texte qui renferme ce fait doit être

inſtituteurs du monde s'abaiſſa juſqu'à ſe laiſſer éclairer ſur ces élémens des ſciences par un Sage de l'Archipel.

Le but pour lequel les Prêtres orientèrent les pyramides, ne put être qu'un but religieux ; on ſait que dans les premiers âges, on orientait les temples & tous les grands édifices publics, pour rappeller à la multitude la préſence de l'ordonnateur des mondes dont l'aſtre était le ſymbole. C'eſt une rêverie de nos Philoſophes, que de prétendre qu'on ſongea, en orientant les pyramides, à former une méridienne inébranlable, pour conſtater, cinquante ſiècles après, s'il y a des variations dans les poles. Si cette conjecture ingénieuſe avait quelque fon-

---

rapporté dans la langue originale : *menſuram altitudinis (pyramidum) deprehendere invenit Thales Mileſius, umbram metiendo quâ horâ par eſſe corpori ſolet. Hæc ſunt pyramidum miracula.* Plin. *Hiſtor. Natur.* lib. 36, (édit. de Barbou) cap. 17.

dement , il en resterait des traces dans les ouvrages de l'antiquité ; ajoutons qu'une seule pyramide suffisait pour cette expérience astronomique, & qu'il était inutile d'écraser de ces masses énormes toutes les côtes de la Lybie, depuis la haute Egypte jusqu'au Labyrinthe.

L'idée que les pyramides ont été construites originairement pour servir de gnomons, soutient encore moins les regards d'une critique éclairée. Un des Savants de l'Europe qui a dit le plus de choses neuves sur l'Egypte, apprécie ainsi cette prétendue merveille.

» La plus grande des pyramides, située
» sous le vingt-neuvième degré, cinquante
» minutes & quelques secondes de lati-
» tude nord, commence vers l'équinoxe
» du printems à ne plus jetter d'ombre
» à midi hors de son plan ; & on peut
» alors se promener autour de cet im-
» mense monceau de pierres, qui s'élève

» à plus de cinq cents pieds (*a*) sans
» perdre le soleil de vue. Les Architec-
» tes ont pressenti cet effet, qui résulte
» nécessairement de la figure pyramidale
» & de la largeur de la base, ce qui fait
» que l'ombre méridienne se réfléchit
» pendant la moitié de l'année sur la
» face du nord, & ne parvient point à
» terre ou au plan de l'horifon. Si l'on
» voulait faire un mauvais cadran fo-
» laire, il ferait impoffible d'en faire un
» plus mauvais que celui de la grande
» pyramide, puifqu'on ne faurait trou-
» ver, même par ce moyen, le jour
» du folftice d'été ; car alors l'ombre re-
» monte tellement, qu'on a peine à l'ap-
» percevoir, lorfqu'on eft placé au pied
» de la face feptentrionale (*b*).

D'après cette expofition, on peut ju-

(*a*) La pyramide n'en a que 465 ; mais ce
n'eft pas là le fait dont il s'agit.

(*b*) *Recherches Philofophiques fur les Egyptiens & les Chinois*, tom. 2, pag. 56.

ger s'il était poſſible que les Prêtres Egyptiens trouvaſſent les équinoxes à l'aide de leurs pyramides, comme l'a dit ce fameux des Vignoles, qui a tant défriché de landes dans la chronologie (*a*).

Il eſt certain qu'à l'époque où l'Egypte chercha à conſacrer, par de vains mauſolées, le nom de ſes Pharaons, que la faibleſſe de leur génie dévouait à l'oubli, les Prêtres de la nation, occupés, dans leurs querelles ambitieuſes, à faire lutter l'autel contre le trône, n'eurent pas le loiſir de devenir Aſtronomes.

Laiſſons les mauſolées des Pharaons atteſter aux ſiècles l'opulence de ces Deſpotes (*b*); mais qu'ils atteſtent en même-

---

(*a*) *De Annis Ægyptianis.* Voyez *Miſcell. Berolinenſ.* tom. 4.

(*a*) Pline les appelle, dans ſa langue énergique, *Regum pecuniæ otioſa ac ſtulta oſtentatio.* Voy. *Hiſt. Natur.* lib. 36, *loc. citat.*

tems leur vanité frivole, l'abus infolent de leur pouvoir, & le mauvais goût de leurs Architectes.

Ces vues fur les monumens de l'E-gypte ne s'accordent ni avec les opinions ordinaires, ni avec les livres ; mais je n'ai laiffé entrevoir mon fentiment qu'a-près une expofition impartiale des faits. On s'imagine bien que je n'ai aucun in-térêt à fronder une admiration univer-felle ; le même motif qui m'engage à voir fans préjugé les hommes, me con-duit à voir fans préjugé leurs monumens; & j'efpère que le Lecteur droit , qui m'a fu gré de dire la vérité fur les Rois de l'Orient, me pardonnera de la dire auffi fur les pyramides.

DES DIX-SEPT

PREMIÈRES DYNASTIES

DE L'EGYPTE,

FORMANT L'HISTOIRE CONJECTU-
RALE DE SES PHARAONS.

IL y a un vuide immense pour l'Hiſtoire des Hommes, entre Menès, le chef de la première dynaſtie des Pharaons, & Amos, le premier de la dix-huitième. Manéthon remplit cet intervalle par des noms ſtériles, & Hérodote par des fables.

Le deſir de mettre de l'ordre dans l'hiſtoire de l'Egypte, qui juſqu'ici y ſemblait inacceſſible, nous engage à tranſcrire les noms & à analyſer les fables ; mais du moins nous ſerons courts ;

c'eſt le moyen de nous faire pardonner le ſacrifice que nous faiſons à la méthode & à la clarté.

PREMIERE DYNASTIE DE MANÉTHON (a). — Le Savant Prêtre d'Héliopolis nous l'annonce comme compoſée de huit Rois de This ; ſoit que cette ville, aujourd'hui inconnue, eût été, à cette époque, la métropole de l'Egypte, ſoit plutôt que Menès en fût originaire, & que le lieu de ſa naiſſance eût ſervi à déſigner à la poſtérité tous les Princes de ſa maiſon.

MENÈS. — C'eſt le Pharaon dont nous avons écrit l'hiſtoire, avant la deſcription des pyramides. La perſonne de ce Légiſlateur de l'Egypte nous ſerait aſſez inconnue, ſi nous ne conſultions que les

---

(a) Nous ſuivons ici l'édition originale de Jules Africain ; c'eſt celle qui nous a paru la plus autentique. Voyez nos *Tables Chronologiques*, parmi les gravures.

fragmens qui nous reſtent de Manéthon ; on y lit ſeulement que ce Prince régna 62 ans, & qu'il périt enlevé par un hyppopotame.

ATHOTIS. — Il conſerva ſa couronne 57 ans. Manéthon s'amuſe à lui faire bâtir un palais dans Memphis, & écrire des livres d'anatomie.

CHENCHÉNÈS. — Il règne 31 ans.

OUÉNÈPHES. — Son règne eſt de 23 ans ; il y eut, de ſon tems, en Egypte, une famine qui entraîna une grande mortalité.

OUSAPHAÏDOS — Il porte ſon ſceptre inutile pendant vingt ans.

MIÉBIDOS. — Il gouverne les Egyptiens 26 ans.

SÉMEMPSIS. — Son règne de 18 ans eſt troublé par une peſte violente qui menace d'anéantir la race des hommes.

BIENACHÈS. — Après un règne de 26 ans il fut détrôné, & ſa couronne paſſa à un Prince d'une autre dynaſtie.

SECONDE DYNASTIE. —— Manéthon la
dit compofée de neuf Rois de This.
Il pourrait fe faire que l'ufurpateur, originaire de la ville de Menès, tînt par
une branche éloignée à fa maifon ; on
ne peut affeoir à cet égard que de vaines
conjectures.

BOETHOS. —— Nous n'avons aucun Mémoire fur la révolution qui procura à
ce Prince le trône de l'Egypte. Manéthon, plus occupé de la deftinée des peuples, que de celle de quelques automates
couronnés, fe contente de dire que fon
règne de 38 ans fut marqué par un tremblement de terre qui fe fit fentir à Bubafte, & dans lequel une quantité prodigieufe d'hommes périrent.

CHAÏACHOS. — Il règne 39 ans. La
fuperftition Egyptienne fit fous ce Prince
des progrès rapides. Manéthon dit expref-
fément que c'eft l'époque où le bœuf
Apis vit faire fon apothéofe.

BINOTHRIS. — La conftitution de l'E-
gypte fut changée fous ce Pharaon. Il

y eut un Règlement qui admit les femmes à la Couronne. Binothris garda la sienne 47 ans.

Tlas. — Statue couronnée qui règne 17 ans.

Séthènes. — Autre automate dont le règne stérile se prolonge jusqu'à 41 ans.

Choires. — Il dort encore sur le trône 17 ans.

Népherchères. — Manéthon ne caractérise son règne que par un conte en physique : c'est que le Nil, de son tems, eut ses eaux mêlées de miel. Népherchères régna 25 ans.

Sésochris. — (a). Ce Roi, qu'on fait régner 48 ans, avait, dit-on, cinq coudées de hauteur & trois de large. On sait que la coudée Egyptienne est de 20

____

(a) Son nom ne se trouve que dans le catalogue de Manéthon , suivant l'Eusèbe de Syncelle. Voyez nos Tables gravées.

pouces, 544 millièmes de ligne, suivant la célèbre mesure du Nilomètre.

UN ROI ANONYME. — Il dort sur le trône vingt ans.

TROISIEME DYNASTIE. — Les Rois qui la composent sont originaires de Memphis. On ne nous a transmis aucun détail sur la révolution qui fit passer le sceptre de l'Egypte aux Princes de cette dynastie.

NÉCHÉROPHÈS. — Manéthon lui donne un règne de 28 ans. Les peuples de la Libye étaient, à cette époque, tributaires de l'Egypte ; mais profitant des désordres politiques qu'entraîne nécessairement une révolution, ils secouèrent le joug. Le Pharaon marcha contre eux ; mais il n'eut pas besoin de répandre le sang. Les armées se trouvant, par hasard, en présence au lever de la lune, cet astre parut aux Libyens, très-ignorans en physique, plus grand qu'à l'ordinaire ; ils crurent que ce phénomène, si natutel, annonçait le couroux des Dieux ; & ils rentrèrent sous la domination de l'Egypte.

TOSORTHROS. — Ce Pharaon n'est point une statue ; il encouragea les arts & les cultiva lui-même de ses mains royales. La peinture occupa sur-tout ses loisirs. C'est à lui que les Egyptiens dûrent l'art de bâtir en pierres de taille. Comme il avait de profondes connaissances en médecine, les Grecs lui donnèrent le nom d'Esculape. Son règne est fixé à 29 ans.

TYRIS. — Il n'occupe le trône que sept ans.

MÉSOCHRIS. — Il prolonge son règne obscur jusqu'à 17 ans.

SOÏPHIS. — Il gouverne son peuple 16 ans.

TOSERTASIS. — Il végète sur le trône 19 ans.

ACHIS. — Autre statue qui règne 42 ans.

Siphouris. —— Nouveau nom stérile d'un Roi qui règne 30 ans.

Cherchères. —— Après 26 ans de règne, son trône passe à une autre dynastie.

Quatrieme Dynastie. —— Comme elle est composée de Rois de Memphis, il est probable que l'usurpateur tenait du moins, par quelque alliance, au Prince dont il enlevait la couronne.

Soris. —— On ne sait rien de cet usurpateur, sinon qu'il régna 29 ans.

Souphis I. —— L'Histoire n'est pas tout-à-fait muette sur le règne de ce Pharaon. Le savant Prêtre d'Héliopolis dit que c'est lui qui éleva la grande pyramide dont Hérodote fait honneur à Cheops. Il ajoute que c'était une espèce d'athée, & qu'il écrivit (probablement contre l'Etre suprême) un ouvrage qu'il appella *le Livre sacré*. Comme ce Pharaon régna 63 ans, il eut le tems de faire des livres & de bâtir des pyramides.

Souphis II. — Roi fainéant, ainsi que les autres Princes de cette dynastie. Celui-ci règne 66 ans.

   Menchères. — Il règne 63 ans.
   Ratoises 25
   Bichères 22
   Séberchères 7
   Thamphtis. 9

Cinquieme Dynastie. — Ici le trône est transféré à une autre maison ; & c'est une petite ville d'Eléphantis, ou Eléphantine ; située aux frontières de la Thébaïde, qui a la gloire de fournir cette nouvelle race de Pharaons.

Ici se décèle avec évidence la rêverie des Savants de l'Europe moderne, qui veulent que les dynasties de Manéthon ne fussent pas successives, mais collatérales. En attendant que ce problême chronologique soit discuté à la tête de nos fastes, on ne fera pas fâché de voir comment un de nos meilleurs Philosophes l'a envisagé par rapport à la dynaſtie des Rois d'Eléphantis. Le texte eſt aſſez curieux pour que nous nous déterminions à le tranſcrire.

» Si vous interrogez Marsham , Pez-
» ron , Fourmont , ils vous diront qu'il
» y a eu quatre ou cinq Rois à la fois
» en Egypte ; & cet arrangement , in-
» connu à toute l'antiquité , leur paraît
» ſi vrai & ſi raiſonnable , qu'ils ne
» ſoupçonnent pas même qu'on puiſſe
» propoſer à ce ſujet des difficultés.
» Mais malheureuſement on a décou-
» vert, de nos jours , que l'Egypte eſt
» un pays beaucoup plus petit qu'on ne
» l'avait cru , de ſorte que quatre ou
» cinq Rois à la fois y auraient été très-
» mal à leur aiſe. On a placé un de ces
» prétendus royaumes dans l'iſle d'Elé-
» phantis , parce qu'on a été aſſez igno-
» rant , dans la Géographie , pour ſe
» perſuader qu'elle eſt d'une étendue
» prodigieuſe. Voici ce qu'en rapporte
» un Français , nommé Dorigny , qui a
» débité tant de fables ſur l'hiſtoire de

» l'Egypte : *La ville d'Eléphantine était*
» *conftruite*, dit-il , *dans une très-grande*
» *ifle que le Nil forme un peu au-deffous*
» *des Cataractes* (a). Or , cette ifle peut
» avoir quatre cents toifes en largeur &
» huit cents en longueur. Ainfi le royau-
» me qu'on y place reffemble beaucoup
» à notre royaume d'Yvetot (b).

SÉSOCHRIS. — Il eft probable que ce
Pharaon defcendait de l'avant-dernier
Prince de la feconde dynaftie. Manéthon
lui donne le même nom & à peu-près la
même taille coloffale , puifqu'il la fixe
à cinq coudées trois pouces de hauteur ,
& à trois coudées de largeur. Pour comble de bifarrerie , les deux géants règnent le même intervalle , c'eft-à-dire ,
48 ans.

(a) *Chronologie du grand empire des Egyp-*
tiens , tom. 1 , pag. 178.

(b) *Recherches Philofophiques fur les Egyp-*
tiens & les Chinois, tom. 1 , pag. 18.

Le Prêtre d'Héliopolis obferve à cette époque, que les neuf derniers Rois n'ont rien fait qui mérite d'être confacré par le burin de l'hiftoire. Mais, il y a fûrement une erreur dans les chiffres, à moins que l'Ecrivain facré ne fuppofe que Souphis I. qui eft à la tête de ces neuf Souverains, ne mérite pas d'être connu des hommes, pour avoir écrit contre les Dieux & bâti de frivoles pyramides.

Ce font les neuf Rois, fucceffeurs de Séfochris, qui ne tiennent vraiment que par leurs noms ftériles à l'hiftoire de l'Egypte.

OUSERCHÉRIS règne	28 ans.
SÉPHRÈS	13
NÉPHERCHÉRÈS	20
SISIRIS	7
CHÉRÈS	20
RATHOURIS	44
MERCHÉROS	9
TARCHÉRÈS	44
OBNOS	33

SIXIEME DYNASTIE. — Les Rois originaires d'Eléphantis, font chaffés, & probablement la poftérité des derniers Pharaons de Memphis les remplace.

OTHOÈS. — Il eft tué par fes gardes après un règne de 36 ans.

PHIOS. — Roi fainéant qui règne 53 ans.

MÉTHOUSOUPHIS. — Autre ftatue qui n'eft fur le trône que 7 ans.

PHIOPS — monte fur le trône à l'âge de 6 ans, & ne le quitte que pour mourir. Il avait vécu un fiècle entier.

MENTESOUPHIS. — Il n'eft qu'un an fur le trône, & tout nous porte à conjecturer qu'il en fortit d'une manière tragique.

NITOCRIS. — C'eft la première Princeffe qui fit valoir la fameufe conftitution de Binothris, qui donnait aux femmes un droit à la couronne. On nous la repréfente comme la plus belle femme de fon tems; Manéthon lui attribue la gloire (si c'en est une) d'avoir bâti la troisième pyramide.

Hérodote a parlé de cette Nitocris (*a*). On peut conjecturer par le texte de ce Père de l'Histoire, que Mentesouphis, auquel elle succéda, était son frère ; comme ce Prince avait été égorgé dans une conspiration , l'héroïne n'accepta son sceptre que pour venger sa cendre. Malheureusement elle n'occupait qu'un trône mobile , comme le sont tous ceux des Despotes ; & n'osant punir avec éclat le plus grand des crimes contre la société , elle se vengea en femme, c'est-à-dire, par une perfidie. Elle fit creuser un canal souterrain, qui conduisait du Nil à un de ses Palais, invita à un grand festin tous les Seigneurs qui avaient tramé la dernière révolution, & quand ils furent rassemblés , elle ouvrit l'écluse & les submergea. Le bon Hérodote ajoute

____

(*a*) *Euterpe* ou *lib.* 2.

que pour anéantir la trace de sa vengeance, elle fit jetter de la cendre dans
toutes les salles de l'édifice.

Nitocris régna douze ans, suivant le
calcul du savant Prêtre d'Héliopolis.

SEPTIEME DYNASTIE. — Nous arrivons
à l'époque d'une des plus singulières révolutions que la Monarchie Egyptienne
ait essuyée. Manéthon fait succéder à Nitocris soixante & dix Rois de Memphis,
qui ne régnèrent chacun qu'un jour. Les
Anciens & les Modernes ont tous également gardé le silence sur ce fait, qui
prête tant aux conjectures. Pour moi,
il me semble que la manière la plus
heureuse de l'interpréter, est de supposer
ici une théocratie momentanée, pareille
à celle que nous avons vû s'introduire
en Perse sous le Mage Sphendadate.
Les Prêtres de Memphis marchaient,
depuis long-tems, presque d'égal à égal
avec les Pharaons; ils rédigeaient leurs
loix; ils étaient l'ame de leurs Con-

feils ; & comme ils leur parlaient toujours au nom de Dieu , il y aurait eu
du danger à ne pas les écouter. Affis ,
depuis tant de fiècles , fur les marches
du trône , ils tentèrent enfin d'y monter.
L'occafion femblait favorable , fans doute ; la dynaftie était éteinte , & ils fuc-
cédaient à une femme. Pour ne point
effrayer les peuples qui fe voyaient fur
le point d'être écrafés par le fceptre &
par l'encenfoir , ils eurent la politique
de ne confier le pouvoir furprême au
même fujet , que pendant vingt-quatre
heures. Par ce moyen , tous les Membres du Collége Sacerdotal , pouvaient
porter la couronne à leur tour , & le
defpotifme ainfi enchaîné par lui-même ,
préfentait au-dehors un vifage moins
deftructeur. Malgré cet adroit machiavélifme , la théocratie ne put fubfifter
long-tems. Quand cés Rois d'un jour
en eurent régné foixante-&-dix , il y
eut une révolution , & le trône d'Egypte
retourna à fes Souverains légitimes.

HUITIEME DYNASTIE. — Manéthon ne nous a point conservé le nom du Pharaon qui relégua dans leurs temples les Prêtres-Rois de l'Egypte. Il se contente de dire que vingt-sept Princes de Memphis se succédèrent dans cette dynastie, & que la durée de leurs règnes réunis, ne fut que de 146 ans; ce qui prouve que la plupart de ces Pharaons, mal affermis sur leur trône mobile, finirent par l'inonder de leur propre sang. Car, dans l'ordre naturel, vingt-sept Monarques qui se succèdent, doivent régner entr'eux tous près de cinq cents ans.

NEUVIEME DYNASTIE. — C'est Héracléopolis, ville de l'Heptanomide, située dans une isle formée par le lac Mœris, qui donna son nom à cette nouvelle race de Pharaons.

ACHTOÈS — est la tige de cette dynastie. Ce Prince est représenté comme un tytan farouche qui s'abreuvait, avec volupté du fang de fes peuples. Il devint frénétique, comme le Caligula de Rome, à qui il reſſemblait à tant de titres ; & au défaut de l'épée d'un Cherea, il fut dévoré par un crocodile.

Manéthon ne nomme point les dix-huit Princes d'Héracléopolis, qui fuccé-dèrent à Achtoès. Il fe contente de dire que la durée des règnes de tous les Pha-raons de cette dynaſtie fut de 409 ans.

DIXIÈME DYNASTIE. — Ce font encore dix-neuf Rois d'Héracléopolis, dont les noms mêmes n'ont pu être dérobés à l'oubli ; ils régnèrent entr'eux tous, feulement cent quatre-vingt cinq ans. Manéthon femble ne parler de toutes ces ſtatues couronnées, que pour faire fervir leurs règnes d'époque à fa chronologie.

ONZIÈME DYNASTIE. — Manéthon dit que cette dynaſtie eſt compoſée de feize Rois de Dioſpolis, qui gouvernèrent l'Egypte pendant quarante - trois ans. Enfuite il ajoute à ces feize Rois un AMMENÈMES qui, lui feul, en règne feize. Cette fingularité ne doit pas échapper à un Hiftorien philofophe.

Diofpolis eft l'antique Thèbes, fi fameufe par fon temple de Jupiter. Ses Prêtres, rivaux de ceux de Memphis, jouiffaient d'une confidération d'autant plus grande dans toute l'Egypte, que jufqu'alors ils n'en avaient point abufé. Il eft probable qu'à l'époque dont l'hiftoire nous occupe, ils profitèrent des diffentions civiles pour faire renaître la théocratie. C'eft l'unique moyen d'interpréter le texte de Manéthon fur ces quarante-trois ans de règne, divifés entre feize Rois. Eclairés par les fautes des Prêtres de Memphis, les nouveaux Théocrates fentirent qu'une férie de règnes d'un jour n'était qu'une anarchie continue; alors ils fixèrent à deux ans, peut-être même à trois, l'exercice du pouvoir abfolu qu'ils confièrent à l'un d'entr'eux. La première hypothèfe conduit à penfer que le feizième de ces Prêtres-Rois , plus ambitieux que fes prédéceffeurs , une fois monté fur le trône , ne voulut point en defcendre ; qu'alors le Collége Sacerdotal fe fouleva, & qu'Ammenèmes, voyant la théocratie divifée contre elle-même, vint la renverfer.

Cet Ammenèmes , qui , dans l'ouvrage de l'Hiftorien d'Héliopolis, termine la onzième dynaftie , fans faire corps avec les feize Rois qui la compofent , défigne très-heureufement le Pharaon, vainqueur de tous ces Pontifes couronnés. D'après ces principes , il faut donner deux ans de règne à chacun des quinze premiers Théocrates , treize au feizième, & feize au Pharaon qui le détrône ; chronologie qui fe concilie à la fois avec les annales de l'Egypte & avec la logique.

Si , comme je ferais tenté de l'imaginer d'après d'autres exemples tirés de

la fuite de cette hiftoire , le pouvoir
fuprême avait été déféré à chaque Membre du Collége Sacerdotal pour trois
ans. Il ferait naturel de fuppofer que
cette conftitution ne s'établit que peu-
à-peu. On fit peut-être d'abord des Rois
de fix mois , enfuite d'un an , enfuite
de deux , jufqu'à ce que l'on trouvât que
le terme de trois ans , plus favorable au
machiavélifme du Collége facré , affer-
miffait à la fois le nouveau Gouvernement & contre l'individu qui aurait
voulu s'y maintenir & contre la nation
qui aurait voulu le renverfer.

Douzieme Dynastie. — Manéthon
la compofe de fept Rois de Diofpolis,
qui affermirent leur couronne, foit par
la politique, foit par les armes, malgré
la jaloufie du Sacerdoce.

Sésonchoris. — Il gouverne l'Egypte
pendant 46 ans.

Ammanèmes. — Au bout de 38 ans de
règne, il eft maffacré par fes Eunuques.

Sésostris. — Il ne faut pas confondre ce Prince avec le héros du même nom (*a*) que nous verrons jouer un rôle si brillant à la tête de la dix-neuvième dynaftie ; au refte, il paraît que ce nom de Séfoftris a été heureux pour tous les Pharaons qui l'ont porté. Celui dont l'hiftoire nous occupe, fubjugua, dit-on, l'Afie entière , & une partie de l'Europe dans l'efpace de neuf ans ; on ajoute que quand il rencontrait des peuples braves qui honoraient fa victoire par une longue réfiftance, il faifait graver fur fes trophées l'organe générateur de l'homme ; mais que quand il conquérait les Etats fans combattre , c'était le fexe de la femme qu'il faifait repréfenter fur les monumens de fa gloire. On peut douter raifonnablement de cette moitié du globe

---

(*a*) Manéthon appelle ce dernier Sérhos ; mais c'eft le vrai Séfoftris , fi connu par le roman de fa vie & le fracas de fes conquêtes.

conquise par le premier Séfoſtris en neuf ans ; il eſt certain du moins que ſi les grands Empires de l'Inde, de la Chine, de l'Aſſyrie & de la Perſe, ont été ſubjugués à cette époque par un Pharaon, on ne voit pas, par leurs annales, que leurs Hiſtoriens s'en ſoient jamais douté. Le Séfoſtris de Manéthon régna 48 ans.

LACHARÈS. — Le Prêtre d'Héliopolis ne lui donne qu'un règne de huit ans, & cependant il lui fait conſtruire un labyrinthe qui, pour la longueur du travail, valait bien l'érection d'une pyramide.

Les trois derniers Rois de cette dynaſtie n'offrent que des noms ſtériles à l'hiſtoire de l'Egypte.

AMMÉRÈS régne . . . 8 ans.
AMMENÈMES 8
SCÉMIOPHRIS 4

TREIZIEME DYNASTIE. — Manéthon la compoſe de ſoixante Rois de Dioſpolis , qui ne régnèrent entr'eux tous que 184 ans. Voilà encore la théocratie reſſuſcitée. Ces ſoixante rois ne ſont que des Prêtres de Thèbes , qui tinrent le ſceptre chacun trois ans. La révolution qui le leur ôta , vint ſans doute de la même cauſe qui perdit les Théocrates de la onzième dynaſtie. Le dernier des ſoixante Prêtres couronnés , ne voulut plus obéir , après s'être vu deſpote. La diviſion , dès-lors , naquit dans le Collége Sacerdotal , & un ambitieux en profita pour reléguer les Prêtres-Rois à l'ombre de leurs autels.

QUATORZIÈME DYNASTIE. — Elle manque dans le Mànéthon de Jules-Africain. Tout ce qu'on peut conjeĉturer par le Manéthon d'Euſèbe , c'eſt que le Pharaon qui détrôna les Prêtres de Thèbes , était de Xoys , & que ſa race gouverna l'Egypte pendant 484 ans.

QUINZIEME DYNASTIE. — L'Egypte, à cette époque, est conquise par les Phéniciens ; Manéthon dit qu'un de leurs Conquérans s'empara de Memphis, bâtit une ville non moins forte dans le Nome Séthroïte, & fit peu-à-peu subir son joug à toutes les provinces qui étaient restées fidelles aux Pharaons.

Les détails de cette invasion nous auraient fait connaître le génie du peuple conquis & celui du peuple conquérant. Mais Jules-Africain, notre interprète ordinaire pour Manéthon, garde sur ce sujet le plus profond silence. Les six Princes de cette dynastie Phénicienne ne tiennent à son histoire d'Egypte que pour fournir des dates à la chronologie.

SAÏTHÈS. — Il règne 19 ans.

BOUON 44

PACHNAN 61

STAAN 50

ARCHLES 49

APHOBIS 61

Heureusement Josephe, qui avait besoin de transcrire Manéthon pour le
réfuter, a copié dans ses annales des
Pharaons, un fragment tout entier, qui
répand quelque jour sur la conquête de
l'Egypte par le premier des peuples navigateurs. Nous en avons parlé dans
l'histoire Phénicienne, mais c'est vraiment ici que ce fragment précieux est
à sa place.

    » Nous avons eu, dit cet ancien His-
» torien de l'Egypte, un Roi, nommé
» Timaos: Dieu, sous son règne, s'irrita
» de nos désordres. Il suscita contre nous
» des barbares venus de l'Orient (*a*),
» méprisables, sans doute, mais pleins
» de courage & d'audace, qui subju-
» guèrent notre pays, presque sans com-
» bat, brûlèrent les villes, renversèrent

(*a*) Jules-Africain & Eusèbe entendent par-là
les Phéniciens ; le premier les place dans la quin-
zième, & le second dans la dix-septième dynastie des Pharaons.

» les temples, égorgèrent une partie de
» nos concitoyens, & punirent les autres
» en réduifant leurs femmes & leurs en-
» fans en captivité.

» Ces barbares, dans la fuite, fe choi-
» firent un Roi, nommé Salath, qui,
» après avoir rendu tributaires la haute
» & la baffe Egypte, établit fa réfidence
» dans Memphis. Ce Prince conftruifit
» un grand nombre de citadelles fur les
» frontières de fes Etats; il fortifia, fur-
» tout, le côté oriental pour le mettre
» à l'abri de l'invafion des Affyriens,
» qui, à cette époque, dominaient dans
» l'Afie. C'eft à lui encore qu'on doit la
» reconftruction d'une ville antique,
» connue dans la langue facrée des Prê-
» tres, fous le nom d'Avaris. Salath,
» charmé de l'heureufe pofition de fes
» ruines, la fit rebâtir par fes Architectes,
» l'environna de fortes murailles, & y
» établit une garnifon de deux cents qua-
» rante mille hommes. Ce Monarque
» mourut après un règne de dix-neuf ans.

» Beon, fucceffeur de Salath, conferva
» quarante quatre ans fa Couronne.

» Apachnas, qui vint après Beon, eut
» un règne de trente-fix ans & fept mois;
» Apophis, Janias & Affis le rempla-
» cèrent fucceffivement; le règne du pre-
» mier fut de foixante-un ans; celui du
» fecond d'un peu plus d'un demi-fiècle,
» & celui du dernier d'un peu plus de
» quarante-neuf ans. Les fix Princes de
» cette dynaftie eurent toujours les ar-
» mes à la main, parce qu'ils fe flat-
» taient de réduire la Monarchie en-
» tière de l'Egypte fous leur obéiffan-
» ce (*a*) «.

Il n'y a, dans ce fragment de Manéthon, ainfi que nous l'avons déja obfervé,
que deux traits qui bleffent l'œil févère
du Philofophe: l'un eft le mot de *mépri-
fable*, donné à un peuple conquérant,
qui a pu exciter la haine, mais jamais

______

(*a*) Iofeph. *contra Appion.* lib. 1.

le mépris ; l'autre eft, cette garnifon de deux cents quarante mille hommes, placée dans une ville qui ne paraît pas avoir joué aucun rôle dans la Monarchie des Pharaons.

Le Chronologifte s'étonne encore de ce que non-feulement la fucceffion des Rois Phéniciens eft tranfpofée dans le fragment de Jofephe, mais encore de ce que la durée des règnes varie ; il eft difficile à un fi grand éloignement de décider quel a été l'interprète infidèle de l'Hiftorien Juif, ou de Jules-Africain ; mais fi l'ordre dans lequel ce dernier a rangé les dynafties, prouve la vérité de fes dates, on peut croire que l'invafion des Phéniciens en Egypte a duré 284 ans. Alors leur expulfion tomberait à l'an 4119, avant l'époque où cet ouvrage eft écrit, c'eft-à-dire, cent neuf ans plutôt que l'Ere de Califthène.

Nous appuyons fur la date de ce grand évènement, parce que c'eft à-peu-près la feule qui tienne à quelques principes dans l'histoire de ces tems reculés, où il y a tant de supputations de règnes & si peu de chronologie.

Seizieme Dynastie. — Le Manéthon de Jules-Africain place ici trente-deux Rois Pasteurs Grecs, qui régnèrent entr'eux tous 518 ans ; & le Manéthon d'Eusèbe leur substitue 5 Rois de Thèbes, qui tous ensemble n'en règnent que 190. De quel côté est ici la lumière ? D'un côté, comment un héros Grec a-t-il subjugué l'Egypte, & laissé son sceptre à 31 Princes de sa maison, sans qu'il en soit resté la moindre trace dans les ouvrages du peuple conquérant ? De l'autre, est-il probable que cinq Pharaons ayent régné, l'un portant l'autre, chacun trente-huit ans ? Voilà des ténèbres aussi palpables que celles de l'enfer de Milton ; mais je n'approcherai pas même le flambeau de la chronologie pour les dissiper.

DIX-SEPTIEME DYNASTIE. — Manéthon la compose de 43 Pasteurs étrangers & de 43 Rois de Diospolis, formant, sans doute, deux races collatérales de Pharaons, & il ne donne que 153 ans de durée à l'intervalle que tant de règnes embrassent. Le problême historique que ce texte offre à résoudre, n'est pas un des moins difficiles des annales de l'Egypte.

Il me semble que 153 ans, partagés entre 43 Rois, donnent 3 ans de règne à chacun d'entr'eux, excepté au dernier, qui seul en aurait 27. Ce calcul, si simple, nous ramène à l'histoire de la onzième & de la treizième dynastie. Il est plus que probable que Manéthon nous trace ici le tableau d'une troisième théocratie. Plus la superstition étendait ses voiles sur l'Egypte, plus les Prêtres se sentaient disposés à gouverner avec le sceptre, les peuples pusillanimes qu'ils gouvernaient déja avec l'encensoir. Darius, dans une circonstance pareille, eut l'audace d'ordonner une Saint-Barthelemy de Mages , & l'arbre de la théocratie fut alors coupé par le pied ; mais il ne fe trouva jamais de Darius parmi les Pharaons. Les grands de l'Egypte fe foulevaient quelquefois ; ils rendaient le trône aux fouverains légitimes , mais l'orage alors ne tombait que fur quelques Prêtres , & jamais fur le Sacerdoce.

Ces 43 Rois de Diofpolis font donc évidemment les Prêtres couronnés du temple de Jupiter, que nous avons déja vu deux fois opérer des révolutions en Egypte. Le fynchronifme de la durée de leurs règnes à ces trois époques , ajoute encore une nouvelle force à ce raifonnement , qui , jufqu'ici , avait échappé aux Philofophes.

Pour les 43 Pafteurs étrangers , qui gouvernaient l'Egypte conjointement avec les 43 Prêtres de Diofpolis, il me femble , puifque la durée des règnes eft la même, qu'il en faut faire auffi des Théo-crates. On fait que l'Egypte , affervie

de tout tems à l'erreur, était le centre
de toutes les superstitions de l'univers;
les étrangers qui l'envahirent y portèrent
leur culte, & tout absurde qu'il pouvait
être, ce culte leur survécut. Il ne serait
point étonnant que dans le désordre de
la révolution causée par les Prêtres-Rois
de Thèbes, des Prêtres étrangers, jaloux de leur puissance, eussent élevé dans
un coin de la Monarchie, trône contre
trône & autel contre autel. Le plus grand
prodige n'est pas qu'il se soit formé à
la fois en Egypte deux dynasties sacerdotales, mais seulement qu'elles s'y soient
conservées pendant un siècle & demi,
malgré la double rivalité qui devait les
anéantir.

DE
QUELQUES PHARAONS
D'HÉRODOTE ET DE DIODORE,

DONT LES RÉGNES INCERTAINS NE PEUVENT SE PLACER QUE DANS LES DIX-SEPT PREMIERES DYNAS-TIES (a).

LES Grecs, dont la langue ambitieuse afpirait à la Monarchie univerfelle, ne tranfportaient les noms étrangers dans leur hiftoire, qu'en les foumettant d'ordinaire à une traduction infidelle. Voilà pourquoi la plupart de leurs héros Egyptiens fe reconnaiffent fi peu, qu'on ne

____

(a) *Diod. Sicul.* lib. 1, fect. 2, parag. 4 & 5. *Hérod.* lib. 2.

peut, même à force de conjectures, trouver leurs analogues dans les dynasties.

BUSIRIS. — L'Historien de Sicile dit que 1400 ans après Menès, & à la suite de 52 Pharaons, parut en Egypte un Busiris, statue couronnée qui ne fit rien ni pour lui ni pour ses peuples; mais que le huitième Roi de sa race, nommé Busiris, comme lui, fut le fondateur de Thèbes, & s'acquit par-là une gloire immortelle.

Il n'y a point de Busiris dans le catalogue de Manéthon. Si on veut le chercher, en conciliant la chronologie du Prêtre d'Héliopolis avec celle de Diodore, on tombe à la quarante-septième année du règne de Phiops, quatrième Roi de la sixième dynastie; & pour comble de contradiction, on ne compte pas 52 Princes, mais seulement 46 entre ce Phiops & Menès, le premier des Pharaons.

Si le second Busiris, fondateur de

Thèbes, a exifté, il eft probable que c'eft lui dont le célèbre Ifocrate a defliné les traits dans fon *Panégyrique de Bu-firis*, ouvrage de rhéteur, où il y a tant d'efprit & fi peu de chofes, & qui, à cet égard, ne peut être comparé qu'à l'*Eloge de la Folie*.

OSYMANDIAS. — Ce Pharaon de Diodore, malgré l'éclat de fa vie & la magnificence de fon tombeau, femble encore inconnu à l'Egyptien Manéthon. L'Hiftorien Grec nous le repréfente comme un Conquérant qui a rempli le globe de fa gloire ; & tout ce qui nous en refte aujourd'hui eft borné à quelques lignes écrites dans un coin de la Sicile. Défions-nous de toutes ces antiques renommées, que la philofophie n'a jamais été à portée de pefer dans fes balances.

La Bactriane, fuivant Diodore, était originairement dans la dépendance de l'Egypte : elle fe révolta fous Ofymandias, & le Pharaon mena contre elle une armée de quatre cents mille hommes

de pied & de vingt mille chevaux ,
qui la réduifit fous fon obéiffance. Cet
exploit mémorable fut gravé fur fon
maufolée. On voyait le Conquérant au
pied des remparts de Baɛtres , combat-
tant avec toute la valeur de l'âge des
fables , fans péril cependant pour fa perfonne , puifqu'un lion terrible le proté-
geait. Cette idée fingulière du Sculpteur
avait pour bafe un fait confacré par la
tradition. On prétendait qu'Ofymandias
avait apprivoifé un lion qui combattait
à fes côtés fur les champs de bataille ;
d'autres Ecrivains cependant croyaient que
le lion n'était fur le maufolée , que
comme fymbole de la valeur du Pharaon,
Diodore n'ofe décider entre le fait du
lion apprivoifé & l'allégorie.

Nous avons parlé fort au long dans
l'hiftoire des monumens de Thèbes, du
merveilleux maufolée d'Ofymandias ;
nous l'avons décrit, finon tel qu'il a été
en effet, du moins tel que le repréfente
Diodore. On avait gravé ces mots fur

la bafe de la ftatue du héros : » Je fuis
» Ofymandias, Roi des Rois ; fi quel-
» qu'un veut connaître ma grandeur &
» favoir où ma cendre repofe, qu'il tente
» de détruire ce monument. — Le monument a été détruit : perfonne ne fait
où repofe la cendre de ce Roi des Rois ;
perfonne même n'a des preuves certaines
de fon exiftence.

UCHORÉE. — C'eft le huitième des
fucceffeurs d'Ofymandias, fuivant Diodore. Ce Pharaon bâtit Memphis, &
plaça cette ville au haut du Delta, pour
qu'elle dominât fur les branches du Nil,
& qu'elle devint, par cette pofition, la
clef, foit de la baffe-Egypte, foit de
l'Heptanomide.

On attribue à ce Prince un monument un peu plus utile que de frivoles
pyramides. C'eft une efpèce de montagne artificielle élevée au midi de Memphis, pour contenir le Nil dans fon lit,
& empêcher ce fleuve terrible de fub-
merger fa capitale.

Quand Uchorée eut pris des mesures pour la sûreté de Memphis, il l'embellit par des palais & des temples, & le séjour en devint si délicieux, que ses successeurs y établirent leur résidence. De ce moment Thèbes ne fit que décroître, & Memphis s'accrut aux dépens de sa rivale, jusqu'à ce qu'elle-même fut éclipsée à son tour par la ville d'Alexandre.

On ne sait point précisément quand Uchorée vécut, quelle fut la durée de son règne, & quel Pharaon il représente dans les dynasties du Prêtre d'Héliopolis.

MŒRIS. — Douze générations après Uchorée, c'est-à-dire au bout d'environ quatre siècles, parut en Egypte le Roi Mœris, qui fit creuser à six cents stades de Memphis, ce fameux lac qui porte son nom, & au centre duquel il ordonna qu'on érigeât deux pyramides. Comme ce lac est une des merveilles de l'ancienne Egypte, du moins aux yeux des Ecrivains qui croyent à ses merveilles, nous en allons faire l'objet d'un chapitre de cette Hiſtoire des Hommes.

Ce fut ſept générations, ou 231 ans après Mœris, que Séſoſtris monta ſur le trône, ſuivant Diodore; & ſi on joint à ce nombre environ 40 ans de règne pour Mœris, intervalle qui ſuffit à peine pour la création de ſon lac & l'érection de ſes deux pyramides, on tombe à l'an 554 de l'Ere de Calliſthène, c'eſt-à-dire 8 ans avant l'extinction de la dix-ſeptième dynaſtie.

DU LAC MŒRIS.

Toute l'antiquité a cru que la création du lac Mœris était le monument du génie. Les Grecs l'ont vanté sur la foi des Egyptiens, les Romains sur la foi des Grecs, & nous qui n'avons pour croire à cette merveille, que quelques textes d'Historiens qui se contredisent, nous l'admirons aussi, mais uniquement parce que des hommes célèbres l'ont admirée.

Il me semble que lorsqu'il s'agit de prodiges historiques, il ne faut se livrer à l'enthousiasme, que quand on peut le motiver. Voyons sous ce point de vue le lac Mœris des Pharaons.

De tout tems, on a senti en Egypte le tort que le Nil, par l'inégalité de ses débordemens, faisait au pays que son onde génératrice devait vivifier. D'après cette obfervation, les Rois qui ont afpiré au titre de père de la patrie, fe font empreffés, d'un côté, à creufer des canaux, pour procurer au fleuve un écoulement, quand fes eaux furabondantes inonderaient trop le Delta; & de l'autre, à former d'immenfes réfervoirs, qui deviendraient une reffource pour le Cultivateur, lorfque fa crue ne ferait pas affez haute pour fertilifer les campagnes. Si c'eft-là ce qu'on entend par le lac Mœris, je conçois qu'il en a pu exifter plus d'un dans la Monarchie des Pharaons, quoi qu'en le regardant comme un monument fupérieur aux pyramides, je fois encore bien loin d'en faire une merveille du monde.

Le prodige fe réduirait donc ici à avoir imaginé un grand réfervoir d'eau qui communiquait au Nil par un canal, & qu'on ouvrait ou fermait à fon gré par des éclufes, ce qui ne valait pas la peine d'affimiler Mœris avec Alexandre, ou avec Marc-Aurèle.

D'après ce principe, on pourrait admettre ce qui blesse moins la raison dans les descriptions emphatiques que les Anciens nous ont laissées de ce monument des Pharaons. Ainsi on irait jusqu'à croire, avec Diodore, qu'il en coûtait à l'Etat la valeur de 273,540 livres de notre monnaie pour ouvrir les écluses du réservoir, & autant pour les fermer ; que la seule pêche du lac rendait par jour 5416 liv. 13 f. 4 d. ; & que le Pharaon Mœris assigna ce revenu tout entier pour la parure de la Reine (a) ; ce qui faisait par an une somme de 1,977,083 liv. 6 f. 8 d. pour vêtir une femme, dans un pays brûlant, où, pendant dix mois, elle ne devait guères être couverte que de son innocence.

Mais en admettant tous ces faits dont la raison s'étonne, il en est d'autres dont elle s'indigne ; & ce sont ces derniers

____

(b) *Hift. Univ.* lib. 1, fect. 2, parag. 8.

qui rendent nulle l'autorité des grands hommes.

Pour mettre tout le monde à portée de réfoudre le problême bifarre qui nous occupe, il faut d'abord tranfcrire le texte d'Hérodote, fur lequel s'appuient tous les Hiftoriens de l'Egypte, pour mettre le lac Mœris en parallèl' vec les plus fuperbes monumens d'Athènes & de l'ancienne Rome.

» Quoique le labyrinthe foit une des » merveilles du globe, le lac Mœris, » auprès duquel il eft fitué, a encore » plus de droit à notre enthoufiafme. Il » a de circuit 3600 ftades (plus de 80 » lieues aftronomiques de 25 au degré) » ou 60 fchènes (a), c'eft-à-dire, autant

---

(a) Ce rapport entre les deux mefures d'Hérodote n'eft pas parfaitement exact ; car les 3600 ftades Grecs donnent 183,600 toifes, & les 60 fchènes Egyptiens n'en compofent que 181,440 ; mais il ferait un peu dur de demander une plus grande approximation au père de l'hiftoire.

» d'étendue que la côte maritime de l'E-
» gypte. Ce prodigieux amas d'eau s'étend
» du midi au feptentrion , & dans les
» endroits où il eft le plus profond, on
» compte trois cents pieds. On ne fau-
» rait douter qu'il n'ait été creufé tout
» entier par la main des hommes, puif-
» qu'on a érigé au centre deux pyrami-
» des, dont la moitié de la hauteur eft
» cachée dans les eaux du lac , & l'autre
» s'élève au-deffus de fa furface. Ces mo-
» numens font couronnés par une ftatue
» de pierre, affife fur un trône ; ils ont
» chacun cent toifes depuis la bafe juf-
» qu'au faîte, & cent toifes font une
» mefure de fix cents pieds. . .

» L'eau du Lac Mœris ne vient pas de
» fource, & il ne s'en fournit pas lui-
» même, car le terroir eft fec & aride.
» Cette eau émane du Nil : elle coule
» dans le lac pendant fix mois, & le
» refte de l'année elle retourne dans
» le fleuve. Les habitans de l'Heptano-

» mide me dirent que le lac Mœris fe
» déchargeait par un canal fouterrain dans
» la Syrte d'Afrique.

» Comme je ne voyais point la terre
» qu'il avait fallu enlever, pour creufer
» cet énorme réfervoir, j'interrogeai quel-
» ques Egyptiens : ils me dirent qu'elle
» avait été tranfportée ailleurs , & ils
» me le perfuadèrent d'autant plus aifé-
» ment, qu'un fait femblable était, dit-
» on , arrivé à Ninive. Des brigands de
» cette capitale de l'Affyrie avaient voulu
» s'emparer des tréfors de Sardanapale que
» ce Prince confervait dans d'immenfes
» fouterrains ; comme le dépôt était inac-
» ceffible à force ouverte , ils fe prati-
» quèrent une route fecrette fous Nini-
» ve , depuis leur maifon jufqu'au pa-
» lais de Sardanapale. La nuit ils tranfpor-
» taient la terre dans le Tigre , & le jour
» ils travaillaient à leur galerie ; à force
» de patience & d'induftrie , ils vinrent
» enfin à bout de leur entreprife. Les
» Egyptiens firent, pour le lac Mœris ,

» ce que les brigands de Ninive avaient
» fait pour leur route fouterraine, & ce
» fut le Nil qui reçut dans fes eaux, toute
» la terre enlevée du prodigieux réfer-
» voir des Pharaons (a) «.

Ce lac, de 80 lieues de tour, placé
dans un coin de l'Heptanomide, tandis
que l'Égypte toute entière n'en a que
183 dans toute fon étendue, eft d'a-
bord le comble de la déraifon ; & il
s'en faut bien que j'exagère l'évaluation
de la mefure Grecque pour la rendre
ridicule. Hérodote eft encore, à cet égard,
le moins enthoufiafte des Hiftoriens du
lac Mœris. Strabon en fait une mer.
Pline, qui adopte le calcul de Mucien,
lui donne 450 milles ou 149 lieues de
circonférence (b). Pomponius Méla l'é-
tend jufqu'à 500 milles ou 165 lieues (c).

(a) Hérod. *Euterpe* ou lib. 2.
(b) *Hiftor. Natur.* lib. 5, cap. 9.
(c) Je fuis ici la belle édition de Gronovius.
Mœris aliquando campus, nunc lacus, quin-

L'Ecrivain moderne qui mettrait le lac de Genève dans Genève même, ne se montrerait pas plus mauvais Géographe.

Il fallait que le grand Bossuet ajoutât moins de soi à une carte de l'Egypte, qu'à un texte de Pline ou de Méla, puisque dans son fameux discours sur l'Histoire Universelle, il a osé mettre cette phrase étrange : *On est étonné quand on lit, ce qui néanmoins est certain, que le lac Mœris avait de tour environ cent quatre-vingt de nos lieues* (a). Et pour aggraver son erreur, il cite pour ses garants Hérodote & Diodore, qui s'accordent tous deux à restreindre cet immense réservoir des eaux du Nil à quatre-vingt lieues de circonférence.

Ce n'est point dans une Histoire des Hommes, qu'il faut s'amuser à prouver

------

genta millia passuum in circuitu patens. Voy. *De situ orbis,* lib. 1, cap. 9.

(a) Tom. 1, édit. *in-12* de 1771, pag. 411.

que la partie ne saurait être plus grande que le tout. La simple exposition d'une pareille absurdité la réfute assez. Continuons l'examen de ce fameux lac de Mœris, sur lequel les siècles se sont appuyés pour prouver le génie des Egyptiens.

Le Lac, dit le père de l'histoire, *avait été creusé tout entier par la main des hommes* ; quels hommes que ces esclaves des Pharaons, qui creusaient, dans l'intervalle d'un règne, des lacs de 300 pieds de profondeur, & de 80 lieues de circonférence ! On ne peut comparer un pareil travail qu'à celui d'Hercule, qui, un jour, sépara de ses mains immortelles les monts Calpe & Abyla, pour réunir les deux mers. Les deux exploits sont dignes de la mythologie, ou ce qui revient au même, des annales Egyptiennes d'Hérodote.

Lorsqu'en mettant à part le Nil & ses montagnes, on ôte à la Monarchie des Pharaons une étendue de pays de 80 lieues de tour, fur deux à trois cents pieds de profondeur, il eft évident qu'on la prive de prefque tout fon territoire. Mais qu'ont fait les Architectes du lac Mœris, de cette Egypte enlevée à l'Egypte ? Hérodote dit, avec fa bonhommie ordinaire, qu'elle fut jettée dans le Nil ; & il le prouve par l'exemple d'un petit fouterrein fait dans Ninive, d'une rue à une autre, pour enlever le tréfor de Sardanapale ; ce qui eft prouver à la façon d'Hérodote.

Quand on ne croit ni à la merveille du lac Mœris, plus grand que le pays qui doit le renfermer, ni à la merveille plus étonnante encore d'un terrein de cinquante toifes d'épaiffeur & de quatre-vingt lieues de tour, jetté dans un fleuve, on eft difpenfé de parler des deux pyramides de Pharaons, dont la bafe feule avait trois cents pieds, & qui portaient une ftatue de pierre, affife fur un trône. Il ne faut plus s'occuper de vains édifices que la baguette magique a élevés,

quand le lieu même de la fcène a dif-
paru.

Pline, au refte, avouait que de fon
tems le lac Mœris n'exiftait plus (*a*) ;
il ne reftait plus alors aucun veftige ni
de l'Egypte changée en un réfervoir d'eau,
ni de la terre du réfervoir engloutie dans
le Nil ; tous ces phantômes de la crédulité
Grecque s'étaient évanouis avec l'aurore
de la raifon.

Le Philofophe croyait donc, au commencement de ce fiècle, le lac Mœris
perdu à jamais, ainfi que le lac Averne
de Virgile, & le lac Tritonide des Ama-
zones, lorfque deux Savants diftingués
ont dépofé, dans des Mémoires d'Académie, qu'ils avaient retrouvé ce monument du génie Egyptien. L'un le
place dans une petite lagune qu'on ap-

(*a*) Le texte eft clair : *Ubi fuit Mœridis
lacus.* Voy. *Hiftor. Natur.* lib. xxxvi, édit.
de Barbou, cap. 16.

pelle Bahr-Bathen (*a*). L'autre lui donne pour lit le canal de Bahr-Joufef (*b*). J'ai voyagé avec ces deux pilotes, mon Hérodote & mon Diodore à la main, dans le Bahr-Joufef & dans le Barh-Bathen, & j'avoue que je n'ai point reconnu les côtes du lac Mœris. Je fens feulement qu'en lifant dans un fens fyftématique les textes des Anciens, en palliant leurs contradictions, en dénaturant leurs mefures itinéraires, je pourrais transporter le réfervoir imaginaire des Pharaons au lac de Genève, ou même en Amérique au lac Ontario.

Il me paraît demontré que les Egyptiens n'ont eu aucune efpèce de génie dans l'âge des fables ni dans celui

---

(*a*) *Mémoires fur l'Egypte ancienne & moderne*, par M. Danville, pag. 149.

(*b*) Voyez dans le tome 48 de la petite édition des *Mémoires de l'Académie des Belles-Lettres*, la differtation de M. Gibert fur le lac Mœris.

qui y touche, c'est-à-dire, pendant les dix-sept premières dynasties de leurs Pharaons. Voyons s'ils ont été plus heureux à l'époque où leur histoire, liée avec celle de la Grèce, commence à être accessible aux recherches de la chronologie.

D'AMOS,

CHEF DE LA XVIIIme DYNASTIE

DES PHARAONS.

Manéthon compose sa dix-huitième dynastie, de seize Rois originaires de Diospolis; mais ils ne régnèrent que d'une manière indirecte sur la ville qui donnait ce nom à leur race; comme on s'en convaincra bientôt par l'examen raisonné du canon d'Eratosthène.

Amos, la tige de cette dynastie, eut la gloire de renverser la double théocratie qui avait appesanti son joug d'airain pendant cent cinquante-trois ans sur l'Egypte.

Josephe, l'Historien des Hébreux, qui a parlé de ce Prince sous le nom de Thémosis, prétend que l'expulsion des Théocrates, sous son règne, désigne la sortie des Israëlites de l'Egypte, un de

évènemens les plus mémorables du Pantateuque , & il cite Manéthon lui-même
pour garant de sa conjecture.

» Au rapport du Prêtre d'Héliopolis,
» dit Josephe, les Rois de la partie de
» l'Egypte qui n'avait point encore été
» domptée , déclarèrent la guerre aux
» Pasteurs. Cette guerre dura long-tems.
» Enfin le Roi Alisphragmoutosis les
» vainquit , & chassa de ses Etats la plus
» grande partie des usurpateurs ; ceux qui
» restèrent , se retirèrent dans un lieu
» nommé Avaris , qui renfermait dix
» mille mesures de terre , & ils envi-
» ronnèrent leur asyle d'une forte mu-
» raille , pour mettre en sûreté leurs
» personnes, leurs biens & les fruits de
» leur brigandage.

» Thémosis, fils d'Alisphragmoutosis,
» attaqua les Pasteurs dans Avaris , à la
» tête d'une armée de quatre cents quatre-
» vingt mille hommes , mais désespé-
» rant de se rendre maître de la place ,
» il traita avec eux & leur permit de se

» choifir un autre afyle, promettant de
» protéger lui-même leur retraite.

» Ces étrangers, au nombre de deux
» cents quarante mille, fortirent de l'E-
» gypte avec leurs richeffes, prirent leur
» route au travers du defert de Syrie,
» & craignant les Rois de Ninive & de
» Babylone, qui dominaient alors dans
» toute l'Afie, ils allèrent peupler un
» pays qu'on nomme ajourd'hui la Judée,
» & y bâtirent Jérufalem.

(Jofephe calcule enfuite la durée des
règnes des Pharaons de la dix-huitième
dynaftie, calcul qui contredit ceux des
autres éditions de Manéthon (*a*); après
quoi il ajoute) : » Ainfi parle Manéthon;
» or, il eft évident qu'en fupputant toutes
» ces années, elles fe concilient; ainfi les
» Rois, qu'on nomme Pafteurs, c'eft-à-
» dire, nos Ancêtres, fortirent de l'E-
» gypte 393 ans avant que Danaüs allât

(*a*) Voyez parmi les gravures le *Tableau des quatorze dernières Dynafties.*

» à Argos , quoique les Argiens tirent
» tant de gloire de la haute antiquité
» de ce Prince. Le texte du Prêtre d'Hé-
» liopolis prouve deux chofes très-im-
» portantes , l'une que nos Ancêtres font
» venus en Egypte , & l'autre qu'ils en
» font fortis près de mille ans avant la
» guerre de Troye *(a)* «.

Jofephe (& il faut le dire , parce que
je dois la vérité à tous les hommes) ,
Jofephe , dis-je , fe trompe ici à la fois
en citation , en hiftoire & en chronologie.
Il me femble impoffible que l'Ecrivain
des Hébreux ait vraiment tranfcrit Manéthon , puifque ce qu'il en rapporte ne
fe concilie ni fur les noms des Pharaons ,
ni fur la durée de leurs règnes , avec
d'autres fragmens très-authentiques que
Jules-Africain nous a confervés. Jofephe
gâte ici la caufe qu'il défend , en mon-
trant plus de zèle que de lumières.

(a) Réponfe à Appion , liv. 1 , chap. 5.

Quel rapport y a t-il entre les Hébreux & les deux dynasties collatérales de ·Prêtres qui gouvernent pendant un siècle & demi l'Egypte qu'ils ont démembrée ? Les Hébreux n'ont-ils été que 153 ans dans leur terre de Gessen ? Depuis la mort du Patriarche Joseph, jusqu'à l'avènement de Moyse, ce peuple de Dieu, que la Bible nous représente soumis à un esclavage aussi dur que celui des Ilotes à Lacédémone, avait-il des Prêtres-Rois qui étendaient leur empire sur une partie de l'Egypte ? Le Thémosis, qui va à la tête de 480 mille hommes traiter avec les Hébreux dans Avaris, peut-il être le Pharaon que l'Ange du Seigneur submergea dans la mer Rouge ?

Tout ce que Josephe raconte ici sur l'autorité du prétendu Manéthon, porte évidemment l'empreinte du faux, quand on le met en regard avec le Pantateuque. Ainsi dans la Religion de l'Europe, il doit être rejetté.

Le récit de l'Historien Hébreu est encore moins à l'épreuve d'une critique purement profane. Car nous verrons, dans les fastes de l'Egypte, que sa chronologie contredit jusqu'aux garants qu'il invoque ; on ne peut la lier sur-tout ni avec la chronique de Paros, ni avec l'ère des Olympiades.

Les Pasteurs, chassés par Amos, ne font donc pas les Hébreux qui sortent de captivité, mais une double dynastie de Prêtres-Rois qui résidaient à Thèbes, & sur une des frontières de l'Egypte.

Les Théocrates de la frontière furent probablement chassés pour toujours. L'Egypte put conserver leur culte, parce que rien ne lui était étranger en superstitions, mais elle les déclara inhabiles à occuper jamais le trône de ses Pharaons.

Quant aux Prêtres de Thèbes, qui n'étaient point étrangers à la nation, qui l'avaient gouvernée plusieurs fois,

& qui, grace à l'empire que leur mi-
niftère facré leur donnait fur les efprits,
pouvaient les gouverner encore, Amos
eut befoin de toutes les reffources du
machiavélifme le plus rafiné pour les
empêcher d'être dangereux. Ne pouvant,
du fein de Memphis, fa nouvelle capitale, furveiller lui-même leur ambition, il établit à Thèbes un Vice-Roi,
à qui il confia l'exercice du pouvoir fuprême, pour les accabler, en cas de
trouble, de toute la majefté du trône.
Cette politique réuffit au Pharaon, &
on ne voit pas en effet que, de cette
époque, le facerdoce fe foit jamais rap-
proché du trône. Mais, comme dans
les empires foumis au defpotifme, tout
eft abus, même les coups d'Etat deftinés
à les prévenir, il réfulta un grand in-
convénient de cet établiffement d'un
Vice-Roi dans Thèbes; l'Egyptien choifi
pour contenir les Prêtres, une fois maître
de leur deftinée, effaya fon pouvoir contre les Pharaons mêmes; alors l'Egypte

fut démembrée; & tandis que les Rois légitimes, de Memphis où ils résidaient, donnaient leurs loix au Delta & à l'Heptanomide, il s'établit, dans Thèbes, une dynaftie collatérale qui gouverna, pendant dix fiècles & demi, la haute-Egypte. Voilà l'origine des trente-huit Rois du fameux canon d'Eratofthène.

Minès fut le Vice-Roi qu'Amos chargea de furveiller les Prêtres de Jupiter; on ne fait point avec certitude s'il fut le premier Prince de fa maifon qui rendit Thèbes indépendante. Le canon d'Eratofthène, ainfi que le catalogue de Manéthon, dénués l'un & l'autre de faits, n'offrent à la curiofité philofophique qu'une ftérile nomenclature.

Nous avons annoncé que le règne d'Amos fervait de phare aux Savants, pour les guider dans les ténèbres de la chronologie Egyptienne. Et en effet tous les monumens atteftent que ce Pharaon monta fur fon trône l'an 562 de l'Ere de Callifthène.

Mais cette époque fixée, il reste encore un nuage sur la durée du règne de cet Amos. Jules-Africain, le meilleur interprète de Manéthon, ne le marque pas ; & si on suppléait à son silence en recourant à la somme totale de la dynastie, il s'en suivrait que ce Pharaon n'aurait régné que quatre ans ; ce qui, dans l'ordre naturel des faits, est évidemment impossible.

Heureusement il existe, dans Josephe, un autre fragment du même Manéthon, où il est dit expressément que depuis que ce Prince eut chassé entièrement les Pasteurs, il régna encore vingt-cinq ans & quatre mois (*a*) ; & ce texte nous a conduits à fixer à quarante-quatre ans l'intervalle entier où il occupa le trône de l'Egypte (*b*). Il faut donc faire tomber

______

(*a*) *Réponse à Appion*, liv. 1, chap. 5.

(*b*) Voyez ci-après dans les fastes de l'Egypte, par quelle combinaison heureuse, nous avons

la mort d'Amos à l'an 606 de l'Ere de Callisthène.

---

donné ces 44 ans de règne à Amos, sans rien changer à la somme totale des règnes de sa dynastie.

DES
ROIS DE THÈBES
DU
CANON D'ÉRATOSTÈNE.

Nous devons à Appollodore le canon des Rois Thébains, qu'avait dreſſé Eratoſtène ; le fameux Garde de la bibliothèque des Ptolémées (*a*). Il eſt compoſé de 38 Souverains, dont le nom éclipſé par celui des Pharaons de Memphis, n'a franchi qu'avec peine l'intervalle des ſiècles. Voici ce canon, très-inutile, ſans doute, pour le Lecteur philoſophe qui veut mûrir ſa raiſon par l'étude des

______

(*a*) Le Syncelle n'a fait que tranſcrire Apollodore. Voyez *Chronogr.* pag. 19.

faits, mais de la plus grande importance pour le Savant qui cherche des points d'appui dans le cahos de l'antique chronologie.

MINÈS, ou, suivant les Grecs, DIONIOS, premier Vice - Roi de Thèbes, règne . . . . 62 ans.

ATHOTÈS I., fils de Minès, appellé aussi Hermogènes . . . 59

ATHOTÈS II. 32

DIABIÈS, fils du second Athotès, Prince doux & humain. . 19

PEMPHOS, autre fils du second Athotès, connu aussi sous le nom d'Héraclide 18

TOÏGAR (*a*), distingué par sa taille colossale 79

—————————

(*a*) Après ce mot, il y a dans le texte Grec plusieurs épithètes qui ne forment point de sens ; il est évident que le texte est corrompu. Voyez à la fin de la chronologie d'Alphonse des Vignoles, l'ouvrage de Jablouski,

STOÏCHOS, fils de Toïgar, Prince parfaitement infenfible , règne . 6 ans.

GOSORMIES , ou ETESIPANTOS 30

MARÈS , ou HÉLIODORE , fils de Goformies 26

ANOÏPHES , hermaphodite. . 20

SIRIOS , ou ABASCANTOS , fils d'une vierge (a). 18

CHNOUBOS , iffu d'un homme tout d'or (b). 22

RANOSIS , connu par fa force phyfique (ou par fa valeur). . 13

BIYRIS. 10

SAOPHIS , Prince occupé fans ceffe de fa belle chevelure ou de la garde de fon tréfor 29

qui a pour titre *Annotationes in Eratos-thenis Catalogum* , tom. 2, pag. 741.

(a) Telle eft la traduction de Jablouski ; ce qui fignifie , fuivant ce Savant, né avant le mariage. *Annotat.* pag. 747.

(b) Allufion fans doute à fon caractère. Au refte, le texte pourrait bien être corrompu.

Sensaophis, ou le second Sao-
phis. . . . . 27 ans.
Moschéris, ou Héliodotos 31
Mousthis. 33
Pammos Archondès . . . 35
Apappoïs, le grand Roi (ou le
Géant), il régna, dit-on, un siècle
entier, moins une heure. . .100
Acheschos Okaras . . . 1
Nitocris. Cette Princesse ré-
gna à la place de son époux. Les
Grecs lui ont donné le nom de
Minerve 6
Mourtaios, ou Ammono-
dotos 22
Thouosimarès, homme puis-
sant, qu'on a désigné par le nom
de Soleil 12
Thinillos. Il étendit l'empire
de son père. 8
Semphroucratès, ou Hercule
Harpocrate 18
Chouter, ou le Taureau, ty-
ran de Thèbes 7

MEURÈS, le Philosophe (a). . . 12 ans.

CHOMEPHTA , ou l'Adorateur
du Dieu du feu 11

ANCOUNIOS, ou OCHUS, tyran
de Thèbes. 60

PENTHÉATHOURIS 16

STAMENÈMES 23

SISTOSICHERMES, digne par sa
force d'être surnommé Hercule. 55

MARIS. 43

SIPHOAS, c'est-à-dire HERMÈS,
fils d'Héphaïsos. 5

Anonyme 14

PHROURON, ou NEÏLOS . . 5

AMOURTHANTAÏOS 63

La durée totale de ces règnes obscurs
forme un intervalle de dix siècles &
demi, dont nos recherches heureuses
nous ont conduit à déterminer avec pré-

_____

(a) Je suis ici la version de Scaliger, *in
Eusebianis Scaligeri.*

cision

cifion le commencement, le milieu &
la fin : phénomène chronologique qui
femblera peut-être tenir du prodige aux
Savants illuftres qui ont concilié l'étude
des faits & celle des dates, tels que
les Fourmont, les Fréret & les Desvi-
gnoles (*a*).

Nous avons vu Minès, le chef de
la dynaftie Thébaine, choifi par Amos
pour éclairer de près l'ambition des
Prêtres de Jupiter, fi long-tems fatale
aux Pharaons. Il eft vraifemblable que
l'habile Vice-Roi ne fongea pas, tant
que fon bienfaiteur vécut, à fe rendre
indépendant dans fa Satrapie ; mais quand
il vit le faible fucceffeur d'Amos s'en-
dormir fur le trône de Memphis, fa
fierté s'éveilla ; il ne voulut pas que fa
deftinée & celle de fa maifon dépendît

(*a*) Voyez-en les preuves ci-après au chapitre
qui a pour titre : *Faftes de la Monarchie des
Pharaons.*

un jour du caprice d'un Defpote, & il fecoua, à la fois, le joug des Prêtres & celui des Pharaons.

Minès put être nommé Vice-Roi de Thèbes au commencement du règne d'Amos. Ainfi l'origine de la dynaftie du canon d'Eratofthène fe fixe naturellement à l'an 562 de l'Ere de Callifthène.

Les fucceffeurs de Minès affermirent leur couronne chancelante, tant qu'ils ne trouvèrent dans la dynaftie collatérale des Rois de Memphis que des Defpotes, fans fierté & fans génie ; mais lorfqu'ils eurent à lutter contre des Pharaons tels que Séfoftris ou Sabbacon, alors leur trône d'argile fe brifa, & ils redevinrent de fimples Vice-Rois.

On voit, vers le milieu du canon d'Eratofthène, une Reine de Thèbes du nom de Nitocris. Cette Princeffe était originaire d'Ethyopie, ou plutôt porta fes conquêtes dans cette région, limitrophe de la haute-Egypte. Jofephe, l'Hiftorien des Hébreux, affure avoir lu dans les archives de fa nation, que cette héroïne vint exprès dans la Paleftine pour admirer de près la fageffe de Salomon (*a*). Ce fait, tout ifolé qu'il paraît, eft un trait de lumière qui nous éclaire à la fois fur les Rois Thébains d'Eratofthène, fur les dynafties du Prêtre d'Héliopolis, & fur toute la Monarchie des Pharaons. On reconnaît, en conciliant la Monarchie Egyptienne avec celle de la Bible, que Nitocris a pu fe rendre à Jérufalem la troifième année de fon règne, qui répond à la vingt-cinquième de celui de Salomon; c'eft-à-dire, à l'an 1235 de l'Ere de Callifthène.

Amourthantaïos eft le dernier Prince du canon des Rois de Thèbes; fa mort, ou fon détrônement tombe précifément à l'an 1612 de l'Ere que nous avons

----

(*a*) *Antiq. Judaïc.* lib. 8, cap. 6.

adoptée ; c'eſt l'époque des conquêtes de Nabuchodonoſor ; alors Thèbes ſubit le joug des Rois de Babylone , & c'eſt ainſi que finit la dynaſtie d'Eratoſthène.

SUITE DES PHARAONS

DE LA

DIX-HUITIÈME DYNASTIE.

LES Rois, succeſſeurs d'Amos, ſont tous des ſtatues couronnées juſqu'à Séſoſtris. Il ne faut pas leur faire plus d'honneur qu'aux automates ignorés du canon d'Eratoſthène; & voici leur noms, que la chronologie ſeule m'engage à tranſcrire. (*a*).

CHÉBROS, règne . .	13 ans.
AMÉNOPHTIS	21
AMERSIS	22

(*a*) La ſomme totale de la durée des règnes de cette dix-huitième dynaſtie, monte à 263 ans dans notre calcul, comme dans celui de Manéthon; mais nous différons du Savant Prêtre

MISAPHRIS, règne . .	13 ans.
MISPHRAGMOUTOSIS .	26
TOUTHMOSIS	9
AMÉNOPHIS.	20
HOROS	20
ACHERRES I.	20
RATHOS.	6
CHÉBROS	12
ACHERRES II. . . .	12
ARMESÈS.	5
RAMNESÈS	1
AMENOPH	19

Manéthon ne dit rien sur les Rois de cette dynastie, sinon qu'Aménophis est peut-être le Memnon, devenu si célèbre par le résonnement de sa statue, lorsque l'airain qui la formait était frappé par les rayons du soleil. Il y

---

d'Héliopolis, dans l'évaluation des règnes individuels. On en verra les motifs ci-après, dans le chapitre des *Fastes de la Monarchie des Pharaons.*

aurait de la dureté à faire un crime à cet Ecrivain, d'avoir consacré l'origine de cette imposture religieuse. Il semble que la fourberie des Prêtres de Thèbes ne devait pas être éclairée par un Prêtre d'Héliopolis.

Il n'est point donné à l'érudition humaine, de concilier parfaitement les annales de l'Egypte, avec celle des Hébreux. Il y a à cet égard autant de systêmes qu'il y a de Savants distingués qui se sont occupés de ces recherches ; mais s'il ne reste aucun nuage autour des époques, que nous venons de fixer, sur les règnes de Salomon & de la Nitocris d'Eratosthène, on trouve, en remontant de siècle en siècle, que la fameuse sortie de l'Egypte, sous la conduite de Moyse, tombe vers l'an 71 de la dix-huitième dynastie, c'est-à-dire, la quatorzième année du règne d'Aménophtis à Memphis, & la neuvième de celui d'Athotès I. dans la Thébaïde.

Quant à l'histoire même de cet évènement mémorable & des prodiges qui l'accompagnèrent, comme nous ne les tenons que de Moyſe, & qu'un Ecrivain tel que lui ne doit pas être jugé par la raiſon humaine, nous la renverrons au chapitre de cet ouvrage qui aura pour titre : *Hiſtoire de l'Egypte, ſuivant la Bible.*

HISTOIRE

DE

SÉSOSTRIS (*a*).

Nous arrivons à l'époque la plus brillante des annales des Pharaons, au règne de ce Séthos, chef de la dixneuvième dynaſtie, que nos Ecrivains, qui ont tant prodigué le nom de Grand, ont déſigné ſous celui de Grand Séſoſtris.

Mais cet éclat du règne de Séſoſtris n'eſt guères que l'éclat de la Féerie ; dès que l'œil de la raiſon veut ſe fixer ſur ce règne ſi vanté, la ſtatue coloſſale du héros ſe réduit à une hauteur ordinaire, & tout le preſtige diſparaît.

(*a*) Hérod. *Euterpe*, vel lib. 2. Diod. Sicul. lib. 1, ſect. 2, parag. 9.

L'incendie de la bibliothèque des Ptolémées a anéanti tous les livres, où une plume philosophique avait pu caractériser Séfostris, & il ne nous reste aujourd'hui, pour apprécier ce Pharaon, que les contes orientaux que les Prêtres Egyptiens firent, il y a deux mille ans, à Hérodote & à Diodore.

Ces contes orientaux peuvent, au reste, être rapportés dans un siècle de lumière, parce que s'ils ne peignent pas le héros de Memphis, ils nous donnent du moins quelqu'idée du génie de ses Historiens.

On ne nous dit point le nom du père de Séfostris, & peu importerait à la gloire du héros s'il s'était fait lui-même; mais ce père, dès le moment que Séfostris vit le jour, jetta les fondemens de sa grandeur future, & il lui sauva ainsi la fatigue de mériter sa renommée.

Voici un des traits, dirai-je les plus héroïques, dirai-je les plus étranges, de cette prévoyance paternelle. Ce Prince, à l'inftant de la naiffance de fon fils, fe fit amener tous les enfans de l'Egypte nés le même jour que lui, & lui en compofa une légion de Menins, deftinés à faire, fous lui, la conquête de la terre. Ces Menins, quarante ans après, c'eft-à-dire, quand la conquête fe fit, étaient encore au nombre de dix-fept cents.

On ne conçoit pas aifément comment le père de Séfoftris put forcer tous les Egyptiens à lui envoyer ceux de leurs fils que la bifarrerie de leur étoile avait fait naître le même jour que le futur Conquérant. Ce ferait le monument du plus étrange defpotifme. De plus, ce Prince n'était point Roi d'Egypte, puifque Séfoftris fonda une nouvelle race de Pharaons. Un fils, qui hérite paifiblement du trône de fon père, ne commence point une dynaftie.

Diodore, qui nous a tranfmis ce conte des Prêtres d'Héliopolis, ajoute que ce fut Athirté, fille de Séfoftris, qui engagea ce héros à subjuguer le monde à la tête de ses dix-sept cents Menins ; ainsi il devait avoir quarante ans quand il voulut envahir le globe. Mais comment restait-il alors dix-sept cents hommes de la légion d'enfans Egyptiens envoyés à la Cour de Memphis le jour de la naissance du Pharaon ? Examinons ce fait d'un siècle d'ignorance, avec la raison du dix-huitième. Il nous aidera à juger si Séfostris est un paladin imaginaire, ou s'il faut l'assimiler avec les Alexandre & les Charles XII.

Paris, composé au tems de sa plus grande population, de cinq cents mille personnes mariées, voit naître dans ses remparts, tous les ans, 9635 garçons (a),

---

(a) Ce calcul est fait d'après les Tables des Vallace, des Petty, des Dupré de St-Maur, & sur-tout d'après un texte de l'*Arithmétique morale* de M. de Buffon, où ce Naturaliste dit que *pendant vingt-deux ans la somme totale de la naissance des mâles à Paris a été de*

& puisque l'Egypte , au plus haut période de sa gloire, a eu sept millions d'habitans (*a*), en ne supposant aucun célibataire dans la Monarchie des Pharaons, ce nombre, par le calcul , monte naturellement à 134,890. Mais comme il n'y a pas plus de raison pour faire naître ces enfans mâles, un jour de l'année plutôt qu'un autre, si on divise ce nombre par 365, on ne trouve plus que 369 Egyptiens pour faire les Menins de Séfostris.

Le tableau de la réduction n'est pas encore terminé. L'expérience des siècles nous apprend que de mille enfans qui naissent en même-tems , il n'en reste

---

211976; ce qui donne par an un résultat de 9635. Voy. le tome 7 des *Supplémens à l'His-toire Naturelle* , pag. 513.

(*a*) *Diod. Sicul.* lib. 1 , sect. 1 , parag. 17. L'Historien ajoute comme un phénomène, que de son tems , cette Monarchie dégradée en renfermait encore trois.

qu'environ un tiers au bout de quarante ans ; ainsi les 369 Menins de Séfostris ne dûrent être qu'au nombre de 123, quand le héros partit pour sa conquête du monde. Il y a un peu loin de 123 à 1700, comme le calculaient les Prêtres d'Egypte, qui n'avaient aucune idée d'arithmétique morale. Ce mensonge historique bien demontré, les rayons de gloire qui entourent la tombe de Séfostris se dissipent, & la terre doit chercher à se consoler, de compter un individu de moins parmi ses grands hommes.

Continuons le roman des merveilles de ce règne. Quand le père de Séfostris eut rassemblé les Menins de son fils, il les fit élever tous, suivant la gymnastique des Athlètes. Aucun d'eux n'avait à manger, dit Diodore, à moins qu'il n'eût parcouru, en courant, un espace de cent quatre-vingt stades, ou neuf de nos lieues astronomiques de vingt-cinq au degré (*a*). Des enfans, faire tous les jours des courses de neuf lieues à jeun & sous le ciel brûlant des tropiques ! De pareils personnages n'appartiennent pas à l'histoire, mais à la mythologie.

Séfoſtris, encore à la fleur de son âge, fit, à la tête de sa légion d'Athlètes, son apprentiſſage dans le métier de Conquérant. Il se rendit en Arabie, lutta dans ses déserts contre la faim, la soif & les bêtes farouches, surmonta tout, & finit par subjuguer les Arabes, qui prétendent cependant n'avoir encore été subjugués par personne.

(*a*) Il eſt évident qu'il s'agit ici du ſtadé majeur, évalué dans un ouvrage savant, à 114 toiſes 10 pouces. Voy. *Recherches ſur les meſures Grecques*, pag. 41. Les 180 ſtades majeurs font, à deux toiſes près, neuf lieues. Voltaire se trompe quand il ne les évalue qu'à huit. *Philoſophie de l'hiſtoire*, édit. de Genève de 1765, pag. 98.

La réduction de la plus grande partie de la Libye, où échoua dans la suite le terrible succeſſeur de Cyrus, fut encore un jeu de ſon adoleſcence.

Enfin, le père de Séſoſtris mourut, & le héros, maître de l'Egypte, *ſongea ſérieuſement*, dit le plus ſage de ſes Hiſtoriens, *à conquérir le monde*.

Pour encourager les compagnons de ſes travaux, il donna aux uns des terres, il paya les dettes des autres, & renvoya abſous ceux qui étaient coupables du crime de lèze-Majeſté, phénomène preſque unique dans les annales du deſpotiſme.

Sûr alors du zèle de ſes Menins, Séſoſtris les mit à la tête de ſon armée, qui, ſuivant Diodore, était compoſée de ſix cents mille hommes de pied, de vingt-ſept mille chars armés en guerre & de vingt-quatre mille chevaux.

Les vingt-ſept mille chars, armés en guerre, étaient deſtinés, ſans doute, à manœuvrer dans les forêts immenſes de la Celtique , comme parmi les rochers inaccessibles de la zône torride.

Mais comme le globe est divisé par les mers , & que les isles ne se subjuguent pas avec des chars & des chevaux, Séfostris , pour ne laisser aucun être libre d'un pôle à l'autre , fit équiper encore une flotte de quatre cents vaisseaux de guerre ; ce qui est d'autant plus merveilleux que ses prédécesseurs n'avaient su encore construire que des radeaux.

La flotte de quatre cents voiles se rendit maitresse , dit-on , de tous les peuples maritimes & de toutes les isles de la mer Erythrée jusqu'aux Indes. Si elle ne pénétra pas plus loin , c'est que probablement l'Océan couvrait encore la surface de l'Amérique & des terres Australes.

Les conquêtes de Séfostris, à la tête de son armée de terre , ne furent pas moins brillantes. Il battit les Ethyopiens, dont ses peuples descendaient , & exigea d'eux , pour tribut , de l'or , de l'ébène & de l'yvoire. De-là il se rendit dans l'Asie, triompha de tous les Rois, fit taire toutes les renommées, & imposa son joug à des peuples que respecta dans la suite l'épée d'Alexandre.

Le héros, maître de l'Inde, & arrêté, dans le cours de ses victoires, par l'Océan oriental, tourna du côté du nord, dévasta la Scythie jusqu'au Tanaïs, entra en Europe, & termina son expédition par la conquête de la Thrace ; il fit ainsi avec ses six cents mille hommes de pied & ses vingt mille chars, armés en guerre, le tour du monde connu ; & ce qui n'est pas moins admirable, il le fit en neuf ans.

Les Prêtres d'Héliopolis, qui se doutaient bien que la terre, quoique devenue Egyptienne, croirait peu aux conquêtes de Sésostris, cherchèrent à les attester par quelques monumens. Le bon Hérodote, l'interprète de leurs contes, donne, par exemple, pour preuve des colonies que le Conquérant dut laisser dàns la Colchide, qu'il a vu à Colchos des hommes bafanés, avec des cheveux crépus, qui fe faifaient circoncire. On pourrait prouver, par le même raifonnement, que Séfoftris a fondé Jérufalem & donné des dynafties au peuple de Dieu.

Une autre preuve des exploits du Pharaon, fuivant les Prêtres Egyptiens, commentés par les Grecs, c'eft que ce Héros fit ériger par-tout des colonnes pour lui fervir de trophées. Quand il rencontrait, dit-on, des peuples guerriers, & qui favaient fe défendre, il faifait graver l'organe générateur de l'homme fur le monument de fes victoires; lorfqu'il n'avait à combattre que des foldats efféminés, indignes d'avoir une patrie, c'était l'organe d'un fexe timide qu'il faifait repréfenter. Malheureufement pour les Hiftoriens de Séfoftris, ce trait n'eft qu'un conte tiré de Manéthon, & rajeuni (a). L'Hiftorien d'Héliopolis le

____

(a) Voyez ci-devant, pag. 28.

cite d'un premier Séfoftris , troifième Roi de la douzième dynaftie , qui vivait 1962 ans avant le Séfoftris conquérant du monde , ce qui forme un des plus finguliers anachronifmes qui ait jamais déshonoré les pages de l'hiftoire.

Enfin , on appelle en témoignage un obélifque de l'ancienne Rome , où font des hiéroglyphes , que l'efprit de fyftême peut interpréter comme il lui plaît. Mais d'abord la colonne porte le nom de Rameffes , & non celui de Séfoftris ; enfuite la traduction d'Hermapion , telle qu'Ammien Marcellin nous l'a confervée , eft un monument fi fufpect en ce genre, que Pline en donne un autre. Il paraît , fuivant ce fameux Hiftorien de la nature , que l'obélifque Egyptien était deftiné à conftater des obfervations aftronomiques , & non le roman de la conquête du monde par un Pharaon.

Cette conquête du monde , faite par le dernier de fes peuples , à une époque

où il y avait tant de grands Empires fub-
fiftans., eft un menfonge hiftorique fi
étrange, que le lecteur philofophe doit
nous pardonner de nous y arrêter.

Aucun peuple, jufqu'ici, n'a pu fe
vanter d'avoir conquis le globe. Rome
même, au plus haut période de fa gloire, n'a pu feulement foumettre les deux
tiers de notre continent, quoiqu'elle eût
acheté un titre à la Monarchie univer-
felle, par fept cens ans de vertus & de
victoires.

Eh! comment l'efclave foible & lâ-
che du defpote Séfoftris, aurait-il exécuté ce que l'ame républicaine des Sci-
pion & des Paul Emile n'ofa entrepren-
dre? Qu'on parcoure les annales de l'E-
gypte depuis le premier des Pharaons jufqu'aux tems modernes, on verra que jamais l'étranger n'a paru fur fes frontières
fans la fubjuguer. L'Ethyopie, la Phé-
nicie & la Grèce lui donnèrent des Rois.
Nabuchodonofor fe préfenta devant Thèbes, & la Monarchie entière devint une

province de l'empire de Babylone. Cambyfe & Ochus la conquirent dans une feule campagne. Alexandre, Céfar, le Calife Omar & le Sultan Sélim, la foumirent prefque fans combattre. L'Egyptien, toujours fans patrie, n'eut, dans aucun tems, ni cette chaleur républicaine qui fait exécuter les grandes chofes, ni cette férocité des peuples à demi civilifés, qui y fupplée; énervé par fon climat, avili par fon gouvernement & par fa religion, il porte l'empreinte des chaînes qui le flétriffent, jufques dans les monumens hiftoriques que la plume audacieufe de fes Prêtres a confacrés à fa gloire.

Au refte, quoique le menfonge abfurde des vaftes conquêtes de Séfoftris femble avoir envahi le monde, de tout tems la voix des Sages a réclamé contre cette tradition facerdotale. Megafthène, cité par Strabon, foutenait, par exemple, que jamais un Pharaon n'était feulement entré dans l'Inde. On ne voit aucune trace de cette expédition dans les écrits des Brames, quoiqu'ils aient conservé le souvenir des victoires d'Alexandre, & même du simple voyage de Pythagore.

Voſſius, dont les cheveux avaient blanchi ſur l'étude de l'antiquité, regardait comme une fable orientale tout ce qu'on a écrit ſur la puiſſance des Egyptiens (a), & par conſéquent les merveilles du règne de Séſoſtris.

De nos jours, les Savans qui ont ſû le mieux concilier l'érudition avec la logique, tels que les Shuckford & les de Paw (b), ont appuyé de leur ſuffrage

---

(a) Il dit en propres termes : *De hac tantâ potentiâ Ægyptiorum nihil legi, nec facile credam.* Voy. *Comment. ad. Tacit. Annal.* lib. 2. n°. 137.

(b) Voyez la Préface du tome 2 de l'*Hiſtoire du Monde*, & le diſcours préliminaire du tome premier des *Recherches Philoſophiques ſur les Egyptiens.*

respectable le scepticisme des Megafthène & des Voffius.

Pour ne laiffer aucun nuage fur cette
queftion importante, il fuffirait peut-
être de jetter un coup-d'œil rapide fur
l'état du globe, à l'époque où l'on place
les conquêtes de Séfoftris.

Dans ce principe, j'ai examiné les annales des grandes Monarchies, fuivant les
fyftêmes les plus probables de la chronologie moderne, & j'ai toujours trouvé le
monde tranquille, au tems de l'expédition
bruyante du plus célèbre des Pharaons.

Quant à la chronologie des annales
de Manéthon, la feule qui me femble
authentique, du moins pour les dernières dynafties, elle fe lie encore moins
avec la rêverie facerdotale fur la conquête du globe par Séfoftris.

En combinant cette expédition mémorable avec la durée, foit de la vie,
foit du règne du Pharaon, on trouve
qu'elle dut commencer vers l'an 835 de
l'Ere de Califthène, & fe terminer l'an

844 de la même époque. Parcourons maintenant les fastes des grands peuples de notre Continent pendant cet intervalle.

L'Afrique, alors, ne valait pas la peine d'être conquise, puisque Carthage n'existait pas encore.

Aucune des grandes puissances de l'Europe ne pouvait seulement être pressentie ; la Grèce luttait pour sortir des fanges de la barbarie ; des colonies de Scythes commençaient à défricher les landes de la Celtique ; cette Italie où, six siècles & demi après, Rome devait prendre naissance, n'était connue que par ses superstitions Etruriennes & par son zèle petit & barbare pour les sacrifices humains fondés par Saturne.

L'Asie seule, à cette époque, pouvait tenter l'ambition des Conquérans, mais tous ses thrônes étaient tranquilles ; les Phéniciens jouissaient sans rivaux de l'empire des mers ; l'Inde était gouvernée par les Princes pacifiques de la Maifon de Succadit ; la Perfe refpirait fous les loix paternelles de la dynaftie de Keyomaras ; le defpote Lamprides, endormi dans fon ferrail de Ninive , laiffait flotter fur fa tête incertaine la couronne de Sémiramis.

Il eft donc bien démontré par la chronologie & par la raifon , que Séfoftris n'a point conquis le monde. Voyons la fuite de la vie de ce prétendu Alexandre.

Séfoftris , qui n'était pas un héros pour fon frère , fut fur le point , en rentrant dans l'Egypte , de périr par fa perfidie. Il avait été invité , avec fa femme , à un feftin folemnel , qui devait fe prolonger jufqu'au lendemain. Vers le milieu de la nuit, le traître fit mettre le feu à la tente ; la flamme enveloppa tout-à-coup les convives : alors, dit Hérodote, la Reine confeilla à fon époux de prendre deux de fes enfans , de les étendre l'un à la fuite de l'autre fur une poutre embrafée , & de gagner , en marchant sur leur corps palpitant, la porte de la tente. Séfoſtris, trop dégradé par la proſpérité, pour ſentir le cri touchant de la nature, ſuivit le conſeil de cette abominable marâtre : il ſe fit un pont du corps de ſes fils qui reſpiraient encore, & ſe déroba ainſi à la mort en la méritant.

Il paraît en général que l'ame de Séfoſtris était paîtrie de fiel & de ſang, comme celle des Cambyſe, des Cyrus & de tous ces monſtres couronnés, dont la cendre a uſurpé ſi long-tems l'encens des hommes.

Il avait l'orgueil des fameux Conquérans de l'Aſie ſans le génie qui l'excuſe : lorſqu'il lui arrivait de vaincre les petits Rois Africains dont les Etats avoiſinaient l'Egypte, il les forçait à lui apporter tous les ans, en perſonne, le tribut auquel ils étaient condamnés ; & quand il voulait ſortir de ſon palais avec tout le faſte du thrône, il faiſait dételer les chevaux de ſon char, & leur ſubſtituait ces Rois tributaires , *pour faire fentir ,* dit Diodore , *que le vainqueur du monde était fupérieur aux hommes.*

Ma plume jufqu'ici s'eft fatiguée à tracer les crimes de tous ces êtres fi *fupérieurs aux hommes.* Voyons fi dans l'adminiftration intérieure de Séfoftris, nous ne trouverons pas quelque trait de fageffe qui juftifie une partie de fa renommée.

Séfoftris, en rentrant dans fes Etats, licentia fes troupes, & rendit à la claffe des citoyens les compagnons de fes victoires : politique heureufe qui affura à la fois le repos de fes voifins & la tranquillité de fa couronne.

Les Théocrates , qui de tout tems ont fait fervir le nom du ciel à envahir la terre , avaient peu - à - peu renverfé en Egypte toutes les propriétés. Tous les biens-fonds appartenaient au Roi : auffi le citoyen qui n'avait point d'héritage à laiffer à fes enfans, laiffait l'Egypte en friche. Séfoftris, qui s'apperçut que le

Thrône, à force d'être maître de tout, ne jouissait de rien, remédia à ce monstrueux despotisme ; il rendit à ses sujets la propriété des terres, à condition qu'ils payeraient par an une imposition fixe au trésor royal. Dès ce moment, l'industrie naquit, l'argent, signe représentatif des richesses, circula, & le malheureux esclave des Pharaons put se flatter d'avoir une patrie.

Après avoir fait un partage civil des terres, Séfostris travailla à un partage politique de ses Etats, afin de faciliter la perception de ses revenus & d'alléger ainsi le fardeau du Thrône. Telle est l'origine des trente-six Nomes ou gouvernemens de l'Egypte ; c'est sur le modèle des Nomarques que furent institués dans la suite les Satrapes de la Perse.

Je ne crois pas que l'Ethyopie ait été comprise au rang de ces trente-six Nomes. Hérodote dit que Séfostris, seul de tous les Pharaons, régna sur cette vaste ré-

gion de l'Afrique ; mais d'abord ce fait
eſt fondé ſur la tradition fabuleuſe que
ce Héros conquit toute la terre habita-
ble ; enſuite en ſuppoſant que les Ethyopiens ont , réellement à cette époque ,
dépendu des Pharaons , il eſt probable
que leur vainqueur ſe contenta de les
rendre tributaires ; le Roi Africain était
ſans doute une de ces têtes couronnées
que le ſuperbe Séſoſtris convertiſſait en
bêtes de ſomme pour décorer ſon char
de triomphe.

Un des fondemens les moins ſuſpeɔts
de la gloire de Séſoſtris , vient des monumens qu'il éleva pour fortifier l'Egypte & pour l'embellir.

Attentif à ne point laiſſer dégrader
le culte religieux , il fit bâtir dans chaque ville un Temple en l'honneur du
Dieu qu'on y révérait ; & comme le
tranſport du marbre & du granit ne ſe
faiſait qu'à force de bras dans un pays
où la méchanique fut toujours à ſon berceau , il ne fit traîner les blocs énormes

qui devaient fervir à la conftruction des édifices facrés, que par des prifonniers de guerre ; quand ces grands ouvrages furent achevés, il ordonna qu'on gravât fur le frontifpice de chaque Temple, ces mots : *Aucun Egyptien n'a travaillé à ce Monument.* Infcription qui ferait la fatyre d'une Monarchie modérée, mais fublime peut-être dans un Etat affervi à des defpotes.

Le Nil continuait, fous ce règne brillant, à gêner l'agriculture par l'irrégularité de fes débordemens. Séfoftris refferra fon lit par des digues puiffantes, & le coupa par divers canaux ; celui qui communiquait de Memphis à la Mer rouge, eft le plus célèbre. Malheureufement quelques fiècles après, il ne reftait pas la plus legère trace de ce hardi monument, & on eft tenté de ranger ce trait de la vie de Séfoftris avec fa conquête du monde.

Parmi les rêveries abfurdes des hiftoriens de Séfoftris, il faut mettre la construction d'un vaisseau de bois de cèdre, long de deux cents quatre - vingt coudées, revêtu d'argent en dedans, & d'or en dehors, dont le Pharaon fit une offrande au Dieu de Thèbes (*a*). Quel Temple que celui où l'on plaçait, comme un simple *ex voto*, un navire de 467 pieds !

On croira un peu moins difficilement, que Séfostris fit ériger au Temple de Vulcain, dans Memphis, sa statue & celle de sa femme & de ses enfans. L'Artiste ne les avait faites que de pierre, mais toutes étaient taillées dans le même bloc ; les dernières avaient près de trente trois pieds & demi de hauteur, & celles du Héros & de sa femme, un peu plus de cinquante.

La statue de Séfostris occasionna, plusieurs siècles après, de la part d'un Ministre sacré de Vulcain, un trait de cou-

---

(*a*) Diod. Sicul. lib. 1 , sect. 2 , parag. 10.

rage qu'on ne devait pas attendre d'un Prêtre, & d'un Prêtre né en Egypte. Le premier Darius avait voulu placer fa propre statue au-dessus de celle de Séfostris. Le Collége facerdotal s'affembla, & fon Chef déclara qu'il perdrait plutôt la vie que de confentir à un pareil facrilége. Le Roi de Perfe qui, né loin du Thrône, était encore digne d'entendre la vérité, ne fut point bleffé de l'audace de cette réponfe ; il fe contenta de dire qu'à la vérité il n'avait point encore effacé Séfostris, mais qu'il efpérait atteindre à fa gloire, s'il atteignait jamais à fes années. Le Prêtre conferva fon rang, & la ftatue ne fut point érigée.

Tout ce qui peint l'orgueil de Séfostris, eft vraifemblable dans fon hiftoire ; ainfi on n'a point révoqué en doute que ce Prince n'eût fait élever deux obélifques d'une efpèce de granit, de plus de deux cents pieds de haut, où fes exploits étaient gravés en hiéroglyphes. Ce font ces deux obélifques qu'Augufte tranfporta à Rome, & fit dreffer dans le grand Cirque & au Champ de Mars. Un de ces monumens eft brifé & à demi enféveli fous fes décombres; l'autre exifte encore à la porte del Popolo, où il fut transféré par ordre de Sixte-Quint.

L'ouvrage le plus prodigieux de Séfoftris eft le rempart qu'il fit élever de Pelufe à Héliopolis, dans un efpace de quinze cens ftades qui, s'ils font majeurs, répondent à plus de 68 de nos lieues légales. Il en exifte encore des veftiges dans l'Heptanomide. Les pans qui ont réfifté aux Conquérans & à la deftruction des fiècles, ont d'ordinaire 24 pieds d'épaifleur. Les Arabes croient que ce rempart entourait toute l'Egypte, & ils l'appellent, dans leur langage, le *mur du vieillard*, à caufe de la longueur du règne que fon élévation fuppofe (*a*).

____

(*a*) *Defcription de l'Egypte*, par le Conful Maillet, tom. 2, pag. 77.

Séfoftris n'eft pas le feul defpote qui ait cru qu'on fortifiait un empire comme on fortifie une ville. On connait le grand mur de la Médie, celui qui féparait le Liban de l'Anti-Liban, & la grande muraille de la Chine. Tous ces énormes boulevards des Monatchies, n'ont jamais annoncé que l'enfance de la politique dans la tête des Monarques. Il eft bien évident qu'un mur, ne fût-il que de 68 lieues, ne faurait être gardé même par cent mille hommes, & plus fa grandeur augmente, plus fa force diminue. C'eft un fait que la Logique devait faire preffentir avant d'être confirmé par l'Hiftoire.

Le rempart de Séfoftris contredit furtout par fon exécution le plan de défenfe que fon fondateur avait imaginé; car, comme il aboutiffait à la Pelufe, il fuffifait de s'emparer de cette ville, pour le rendre inutile. On remontait alors le Nil fans obftacle, & les places qui fe trouvaient fur la rive du fleuve, tombaient fous le pouvoir du vainqueur. C'eft ainfi que Cambyfe & Alexandre fe rendirent maîtres de toute la Monarchie des Pharaons.

Enfin Séfoftris, l'honneur, dit - on, de fon pays, & la terreur des autres, parvenu à une vieilleffe avancée, perdit la vue. Cet homme fuperbe, que l'adulation avait fi long-tems bercé de la chimère de l'immortalité, ne put voir de fang-froid la dégradation fucceffive de fes organes, & il termina fes jours par une mort volontaire.

Obfervons que les trois traits que l'antiquité a le plus loués dans Séfoftris, font fa conquête du monde, fon idée d'atteler des Rois à fon char de triomphe, & l'audace de fa mort. Ainfi fa gloire dépend d'avoir exécuté une conquête impoffible, de s'être joué infolemment de la majefté royale, & d'avoir outragé la nature par fon fuicide.

Diodore ne donne que 33 ans de règne à Séfoftris, ce qu'il eft difficile

de concilier avec les vaftes conquêtes &
les pénibles monumens que l'antiquité
lui attribue. Manéthon fe rapproche un
peu plus de la vraifemblance, en pro-
longeant ce règne de féerie jufqu'au-delà
d'un demi-fiècle. Dans les principes de
l'Hiftorien d'Héliopolis, il y a 3134 ans
que le héros Egyptien s'eft tué ; ainfi fa
mort tombe à l'an 876 de l'Ere de
Callifthène.

DU

SUCCESSEUR

DE

SÉSOSTRIS,

ET DES OBÉLISQUES.

IL semble que les annales Egyptiennes, à mesure qu'on avance vers le siècle d'Alexandre, devraient se dégager de toutes les fables dont l'imagination Orientale s'est plu de tems en tems à décorer le berceau des anciennes Monarchies; mais les contes succèdent aux contes, comme les dynasties aux dynasties; & l'histoire à l'époque où nous nous trouvons, n'a encore qu'une marche vague & incertaine.

Manéthon appelle Raphacès le fils &

le fucceffeur du Conquérant du monde. Hérodote le nomme Phéron ; Pline, Nuncorée ; & Diodore, le fecond Sefoftris.

On ne connaît ce Prince que par une aventure digne des Mille & une Nuits. (*a*) Le Nil, difent les Hiftoriens, s'était débordé au commencement de fon règne, d'une façon fi prodigieufe, qu'il s'éleva de plus de trente pieds au-deffus du niveau des campagnes. Le Defpote furieux de ce que la Nature n'était pas à fes ordres, lança une flèche dans le fleuve, & à l'inftant il devint aveugle. Après dix ans de cécité, un Oracle annonça que le terme de la vengeance célefte étoit arrivé, & que le Pharaon recouvrerait la vue en baignant fes yeux dans l'urine d'une femme qui n'aurait

---

(*a*) Elle eft rapportée gravement par Hérodote, *Euterpe* ou lib. 2, & même par Diodore, lib. 1, feÆt. 2., parag. XI.

jamais violé la foi conjugale. Sur la foi de cette prédiction, voilà le fils de Séfoſtris qui, ſemblable au héros de la Coupe Enchantée, commence de cruelles épreuves, d'abord ſur la Reine, enſuite ſur les épouſes de ſes Courtiſans. Aucune ne ſe trouva le remède ſpécifique. D'eſſais en eſſais, il parvint à la femme d'un ſimple jardinier, qui enfin le guérit, & par reconnaiſſance, le Monarque l'épouſa. Juſqu'ici la fable ne paraît qu'abſurde, mais le dénouement en eſt atroce. Raphacès raſſembla dans une ville toutes les Egyptiennes que l'Oracle avait convaincues d'adultère, & les y fit brûler toutes vives, avec la ville même où ſe paſſait cette horrible tragédie. Heureuſement pour la mémoire du Pharaon, il faut mettre ce trait de deſpotiſme avec celui du Sultan des Contes Orientaux, qui, lorſqu'une de ſes femmes ne ſavait pas le faire rire, l'envoyait au ſupplice.

Raphacès guéri & vengé, fit ériger

deux superbes obélisques d'une seule pierre, ayant 13 pieds 4 pouces de diamètre sur près de 167 d'élévation, & il les consacra à Dieu, dans le Temple du Soleil. Un de ces monumens subsiste encore; c'est, dit-on, celui que Caligula fit transporter à Rome, sur un vaisseau d'une construction extraordinaire, & qui fut élevé devant la Basilique de Saint-Pierre, par ordre de Sixte-Quint.

Nous avons déja eu occasion de parler des deux obélisques de Séfostris, nous ne tarderons pas à décrire celui de Rameses. Avant de nous engager plus avant dans l'Histoire d'Egypte, il faut fixer les idées du Lecteur philosophe, sur la nature des obélisques.

Un obélisque est une aiguille quadrangulaire terminée en pointe, & destinée, d'ordinaire, à soutenir une statue.

Il est probable qu'originairement l'obélisque était consacré à l'astre de la lumière, symbole de l'Etre suprême; le nom Oriental y fait allufion , il fignifie littéralement le doigt du Soleil (*a*).

Les Pharaons qui fe difaient les images du Soleil, fe firent , dans la fuite, ériger des obélifques ; ils furent imités eux-mêmes par les Prêtres, qui, en Egypte , marchaient d'égal à égal avec les Rois.

Ces obélifques étaient d'ordinaire chargés d'infcriptions en hiéroglyphes ; mais il y en avait auffi, dont on fe contentait de polir les faces, fans les couvrir de caractères ; tels étaient en particulier les obélifques érigés par les Rois originaires d'Ethyopie. Soit que les Prêtres ne vouluffent pas communiquer le fecret de leur écriture facrée à des Princes étrangers, foit que ces Princes ne vouluffent avoir rien de commun avec des Prêtres qui détrônaient les Rois.

La grandeur de l'obélifque dépendait

______

(*a*) Dapper , *Défcription de l'Afrique,* pag. 78.

du caprice de celui qui l'élevait. On en a trouvé qui n'avaient que douze pieds de haut ; nous venons d'en compter 167 à celui du fils de Séfoftris.

Comme les Egyptiens n'ont jamais fait que fe copier les uns les autres, il y avait, vers les dernières dynafties des Pharaons , une fi prodigieufe quantité d'obélifques le long du Nil , que ces monumens gênaient l'agriculture. Le farouche Cambyfe , qui avait en horreur les Dieux de l'Egypte & fes Rois, renverfa tous ceux qu'ils put trouver ; & le petit nombre de ceux qui échappèrent alors à la hache du Conquérant , fut tranf-porté quelques fiècles après à Rome, par ordre des Céfars.

Il n'y a , je le fais , aucun génie à fculpter des aiguilles quadrangulaires, à les couvrir de caractères groffièrement tracés, & à furmonter le tout d'un globe ou d'une ftatue ; mais enfin c'étaient des monumens d'une feule pierre ; il fallait quelqu'audace pour imaginer de les tailler dans la carrière, pour les tranfporter fur le Nil, & pour les mettre en place.

Des Philofophes qui avaient affez étudié l'Egypte, pour croire que l'efprit humain n'y avait jamais fecoué les langes dont le defpotifme & la fuperftition l'avaient enveloppé, des Philofophes, dis-je, à la vue de ces maffes énormes dont la ftructure les étonnait, ont prétendu que ce marbre, qui en formait la fubftance, était une compofition particulière dont le fecret s'eft perdu. Ils fe font trompés. La matière des obélifques eft vraiment l'ouvrage de la nature, c'eft une efpèce de granit fort commun auprès de Syene & d'Elephantine ; on voit encore dans les carrières de cette Contrée de la Haute-Egypte, les matrices de ces monumens. On a rencontré jufqu'à des colonnes à demi-fculptées, & d'autres qui ne tenaient plus que par leur bafe au rocher dont elles faifaient partie. Il faut être jufte, les Egyptiens ont réellement imaginé de tailler dans le même bloc, des aiguilles de cent-soixante pieds de hauteur, & de les transporter à deux cents lieues de la carrière. Quoique ces ouvrages extraordinaires n'aient demandé que des bras d'esclaves, il y a une sorte de grandeur a en avoir conçu l'idée, & s'il en résulte quelque gloire pour le Despote, notre plume impartiale ne doit pas l'envier à la mémoire des Pharaons.

Au reste, il ne faut pas s'imaginer qu'il fallut des années entières à la patience Egyptienne, pour couper un obélisque de 160 pieds dans la carrière. Quand le bloc de granit est posé de champ, il suffit d'y creuser perpendiculairement une tranchée de quelques pouces de profondeur, dans laquelle on introduit, avec violence, des coins de fer, alors la pièce éclate dans toute la hauteur, & presqu'aussi uniment que si on avait fait usage de la scie. Il y a, dans notre Basse-Normandie, une carrière d'un granit subalterne, où, par le même procédé, on détache quelquefois des maſſes de cinquante pieds de long ſur dix-huit de large, & ſix de ſolidité.

L'induſtrie de l'Architecte de l'obéliſ-que brillait particulièrement dans le tranſport du monument hors de la mi-ne. On avait eu ſoin de le tailler dans un endroit qui fût en pointe, & à peu-près au niveau du Nil, dans le tems de la plus grande hauteur de ſon déborde-ment ; lorſqu'il s'agiſſait de le conduire dans la ville qu'il devait embellir, on creuſait un canal depuis la carrière juſ-qu'au fleuve. Le travail achevé, on in-troduiſait dans le canal deux navires, chargés d'autant de pierres qu'il en fal-lait, pour faire deux fois le poids de l'obéliſque ; ces navires étaient attachés enſemble, & on les amenait à force de rames juſqu'au-deſſous du monument, qui était ſuſpendu des deux côtés du canal. On déchargeait alors par grada-tion les pierres du leſt, juſqu'à ce qu'elles fuſſent en équilibre avec l'obéliſque. Par ce procédé ingénieux , on venait à bout de l'enlever, & on le tranfportait par le Nil, jufqu'au lieu où il devait être érigé.

Le fils de Séfoftris, à qui l'Egypte dut l'érection de fes deux plus fuperbes obélifques , eut le tems de terminer ce grand ouvrage , car Manéthon lui donne un règne de 61 ans. Sa mort tombe à l'an 937 de l'Ere de Califthène.

DU CRIME

DE

L'ENLÈVEMENT D'HÉLÈNE,

JUGÉ PAR UN PHARAON (a).

Diodore place un grand nombre de Rois oubliés, à la fuite de Séfoftris, & il ne juge pas leurs noms dignes d'être tranfmis aux fiècles, par le burin de l'hiftoire.

Manéthon, qui avait une chronologie à établir, ne dédaigne pas les noms obfcurs. Ainfi il appelle Aménophtès le Prince qui fuccéda à Raphacès ; mais il

---

(a) Hérod. *Euterpe* ou *lib.* 2. Diod. Sicul. lib. 1, fect. 2, parag. XII & XIV.

garde le plus profond filence fur la vie
de ce Pharaon.

Hérodote eft le feul Hiftorien qui rem-
pliffe, par quelques faits, ce vuide des
annales Egyptiennes; & il faut bien le
prendre pour notre guide unique, puifque le tems a anéanti les ouvrages de
l'antiquité, qui auraient pu, à cet égard,
rectifier les erreurs de fa plume.

Je me trompe; comme le père de
l'hiftoire appelle Protée l'Aménophtès de
Manéthon, (fuivant fon ufage de défigurer les noms Egyptiens, en les tradui-
fant en Grec), & qu'on retrouve, environ cinq cents ans après, un Protée
dans Diodore, qui ne peut cependant
fe rapporter qu'à cette dynaftie (*a*), il
faut d'abord s'arrêter un moment fur
le Pharaon de Diodore, qui pourrait
être celui d'Hérodote, fi on jettait un

____

(*a*) Cette contradiction fera expofée avec
quelques détails, ci-après.

voile fur le néant de fa chronologie.

    » Un homme du peuple, dit le cé-
» lèbre Hiftorien de Sicile, fut alors élu
» Roi. Les Egyptiens le nommaient
» Cètes, & il paraît que c'eft le Protée
» des Grecs, qui fe trouva à la guerre
» de Troye ; car ce que ceux-ci difent du
» héros de ce nom, favoir, qu'il pré-
» difait les vents, & qu'il avait la fa-
» culté de fe transformer, à fon gré, en
» feu, en arbre & en quadrupède, les
» Prêtres de Memphis le difent auffi de
» leur Cètes. Ils prétendent qu'il avait
» appris la divination, par l'étude qu'il
» avait faite des conftellations, & le
» commerce qu'il avait entretenu avec
» les Aftrologues ; & ils expliquent la
» fable Grecque des Métamorphofes par
» un ufage fingulier des Pharaons. Ces
» Princes, à ce qu'on croit, portaient
» fur leurs têtes, tantôt la dépouille d'un
» lion ou d'un taureau, emblême de
» leur force ou de leur pouvoir, tantôt
» des branches d'arbre, efpèce de cou-

» ronne naturelle, qui ne fervait qu'à
» les parer; quelquefois même du feu,
» quand ils voulaient infpirer de la ter-
» reur à la multitude (a) «.

Le Protée d'Hérodote n'eft point un
augure, ni un Prophête, ni un héros à
métamorphofes. Il eft plus que tout cela,
puifqu'on nous le dépeint comme un
Roi jufte. Voici le fait fur lequel je
fonde fa renommée.

Une tradition veut que ce foit fous
le règne de ce Pharaon, que Paris enleva Hélène, & prépara ainfi, par fon
crime, l'incendie de Troye.

Paris, fier de fa proie, retournait en
triomphe dans fa patrie, lorfque la tem-
pête fit échouer fon vaiffeau à l'embou-
chure du Nil. Il y avait, fur le rivage,
un temple d'Hercule, qui, de tems im-
mémorial, fervait d'afyle aux efclaves.
Les prifonniers du Prince Troyen, inf-

____

(a) Diod. Sicul. *loc. citat.*

truits des priviléges de ce lieu de fran-
chife, s'y retirèrent, en publiant par-tout
l'enlèvement de la fille de Ménélas.
Thonis, Gouverneur du Nome, n'ofant
juger par lui-même le crime du ravif-
feur, envoya à l'inftant à Memphis,
pour prendre les ordres du Pharaon.
Protée commanda au Gouverneur d'arrêter Paris, & de l'amener à fa Cour
avec Hélène, fes tréfors & fes efclaves;
dès que le coupable fut en fa préfence,

LE PHARAON.

Quelle eft ta patrie, d'où viens-tu,
& quel eft le terme de ton voyage?

PARIS.

Le Roi Priam eft mon père. Je viens
de Sparte, & je retourne à Troye.

LE PHARAON.

Et cette femme, dont la démarche

incertaine , le front pâlissant & les regards baissés trahissent les remords ?. . .

P A R I S.

Cette femme . . . . elle est à moi.

L E P H A R A O N.

Tu me trompes. L'indignation subite
de tes esclaves te décèle ; ton trouble
seul suffirait pour m'éclairer, car tu es,
je le vois, à ton premier crime ; ton
cœur n'a pas eu le tems encore de faire
divorce avec la nature ?

P A R I S.

Quoi ! l'émotion d'une beauté ingénue,
que mes chaînes intimident, suffit pour
faire soupçonner mon innocence ?

L E P H A R A O N.

Eh bien , puisque ton orgueil me

refufé l'aveu de ton crime, je vais le
faire pour toi. Cette femme eft Hélène;
tu as abufé de la crédule amitié de fon
époux, pour corrompre fa vertu; après
avoir déshonoré le lit de Ménélas, tu
as couronné ta perfidie en lui enlevant
tout ce qui lui était cher, Hélène &
fes tréfors; mais l'inftant de la vengeance
s'approche; fon glaive eft fufpendu par
un fil fur ta tête; que diras-tu pour
éluder ton fupplice?

P A R I S.

J'ai fait naufrage.

L E   P H A R A O N.

Oui, rends grace à cet heureux naufrage, qui, en me rendant maître de
ta vie, m'ordonne de la refpecter. Le
malheur rend le crime même facré pour
moi. Je ne vengerai point Ménélas, &
tes jours, tiffus d'opprobre, font en fûreté.

P A R I S.

Protée me parle toujours comme à
un sujet de Thèbes ou de Memphis,
que son pouvoir protège ; mais qu'im-
portent les loix de l'Egypte au fils de
Priam, né l'égal des Rois ? Que lui im-
portent la justice ou la clémence des
Pharaons ?

L e P h a r a o n.

Je sais qu'il y a une convention tacite entre les Princes, de souffrir qu'ils
soient injustes impunément. Il n'y a
point de droit des gens pour ceux qui
sont nés sur les marches du trône. Par-
tout on venge les Rois, & il n'y a aucun
lieu sur le globe où on les punisse. Re-
mercie ta destinée, Paris, de ce que
je ne suis pas assez puissant pour fonder
un Tribunal qui fasse respecter l'espèce
humaine, même des têtes couronnées

qui la gouvernent ; l'enlèvement d'Hélène ferait le dernier de tes crimes.

Au reste, ne t'imagine pas qu'en te laissant la vie, je souffre que tu jouisses en paix du fruit de tes brigandages. L'épouse de Ménélas & ses trésors resteront ici, jusqu'à ce que l'infortuné à qui tu les as ravis vienne les réclamer. Pour toi, je t'accorde trois jours pour sortir de l'Egypte ; au bout de cet intervalle, je ne vois plus en toi le fils de Priam, mais l'infracteur des loix sociales, le fléau de ton pays & l'ennemi des hommes. (*a*).

HÉLÈNE, s'il en faut croire la tradition Egyptienne, moins suspecte que les vers de l'Iliade, qui la contredisent, Hélène, dis-je, resta à Memphis jusqu'après la prise de Troye. A cette époque, Mé-

____

(*a*) Le fonds de cet interrogatoire est tout entier d'Hérodote, & ce n'est point ma faute, si je suis le premier Historien qui en ait profité.

nélas vint la réclamer , & l'emmena.
L'Histoire rapporte que malgré la beauté
de cette héroïne Grecque, & la connais-
sance qu'on avait de sa faiblesse , les
Pharaons l'avaient respectée. Mais son
époux ne paya tant de vertu que par
l'ingratitude. Sur le point de revenir à
Sparte, il fit enlever deux enfans Egyptiens ; & après les avoir égorgés , il ordonna qu'on les ouvrît , pour chercher
dans leurs entrailles palpitantes, un pré-
sage pour le succès de son retour. Voilà
quel était ce Ménélas, à la voix de qui
les trônes de l'Asie & de l'Europe se
renversèrent les uns sur les autres. Maintenant faites un crime à la raison, de se
jouer des renommées.

Hérodote, qui ne recueille des dates
que pour faire des anachronismes, prétend que le Protée qui jugea Paris ,
vivait encore quand Ménélas vint chercher Hélène, après l'incendie de Troye.
Mais ce dernier évènement ne put arriver que deux règnes après celui de ce

Pharaon, comme le prouve l'Ere des marbres de Paros, concilié avec la chronologie des dynasties.

Si on voulait même ne juger toute cette histoire de Ménélas & d'Hélène que par le rapport des dates, on trouverait qu'Hérodote en a impofé à fon fiècle, quand il a attribué à l'Aménophtis Egyptien, un jugement qui n'a pu honorer que la mémoire de Ramesès, fon fucceffeur. Mais le trait eft fi intéreffant, qu'il y aurait de la dureté à s'appefantir ici fur l'ignorance d'Hérodote en chronologie.

L'Aménophtis de Manéthon, ou le Protée d'Hérodote, régna vingt ans; ainfi fa mort tombe à l'an 957 de l'Ere de Callifthène.

DE RAMESÈS

ET D'UN

CONTE D'HÉRODOTE (*a*).

Ramesès est appellé Rampsinit par Hérodote. Nous ne savons guères de ce Pharaon, que ce qu'il a plu aux Prêtres de l'Egypte d'en conter au père de l'histoire.

Voici une de ces anecdotes orientales. Elle servira à nous faire connaître dans quel esprit les Grecs écrivaient les annales de tous les peuples qui ne tenaient pas à leur petit Archipel.

Rampsinit était le plus opulent des

(*a*) *Euterpe*, vel. lib. 2. Diod. Sicul. lib. 1, sect. 2, parag. 14.

Rois du monde connu. Son tréfor renfermait quatre cents mille talents (*a*), ou 2,166,666,666 livres de notre monnaie, fomme incroyable avec laquelle il aurait pu acheter l'Afie entière, ou du moins couvrir toute l'Egypte de pyramides.

Ce tréfor de Rampfinit était renfermé dans un édifice de pierres de taille, dont un des murs s'avançait en faillie hors de l'enceinte du Palais. L'Architecte, qui avait trahi les vues de l'avare Monarque, avait pofé une pierre qui fervait de clef à une des voûtes, de façon qu'un feul homme pouvait facilement la lever & la remettre. A la mort de cet Artifte, fes deux enfans, inftruits de fon fecret, enlevèrent la pierre, & emportèrent, à diverfes reprifes, de grandes fommes d'argent. Le

____

(*a*) Tel eft le calcul de Diodore; c'eft ici qu'il faut citer avec exactitude.

Roi, qui voyait de jour en jour dimi-
nuer fon tréfor, quoique l'édifice reftâr
exactement fermé, fit environner de
filets le lieu du dépôt. Les deux Egyptiens entrèrent, à l'ordinaire, fous la
voûte ; mais l'un d'eux voulant faifir
les lingots, fe trouva enveloppé de
chaînes d'airain, qu'il lui fut impoffible de rompre ; dans cette extrémité,
il appelle fon frère, & le prie de lui
couper la tête, pour empêcher le Prince
de découvrir les auteurs du vol. Celui-
ci obéit, & retourne dans fa maifon
avec la tête de fon aîné. Rampfinit, à
la pointe du jour, va reconnaître fon
piége ; & voyant un corps fans tête,
ordonne qu'on le pende fur un des
murs de la capitale. Cependant la mère
des deux Egyptiens, inftruite de la trifte
deftinée de l'un de fes fils, ordonne à
celui qui lui furvit, de lui apporter le
corps de fon frère ; & en cas de refus,
le menace d'aller découvrir le fecret fatal
au Pharaon. Le hardi brigand ennivre

les gardes qui veillaient autour du cadavre, leur rase à chacun la moitié du
visage, & apporte à sa mère le corps
qu'elle lui avait demandé. Rampsinit,
dont la curiosité croissait à mesure qu'on
éventait ses artifices, imagina alors de
prostituer sa fille, en lui ordonnant de
demander, pour prix de chaque jouis-
sance, que chacun lui fît l'aveu de ce
qu'il avait fait dans sa vie, de plus
subtil & de plus criminel. Le voleur,
instruit du piége, coupe la main d'un
homme qui venait de mourir, la cache
sous son manteau, & se rend au Palais
à l'entrée de la nuit ; interrogé par la
Princesse, il lui confie que l'action la
plus criminelle qu'il a faite, est d'avoir
tué son frère sous la voûte du trésor
royal ; & la plus subtile, d'avoir dépendu son cadavre, après avoir ennivré
ses gardes. A ces mots, la fille du Roi
se lève pour l'arrêter ; mais l'Egyptien
lui tend la main étrangère qu'il tenait
cachée, & se sauve à la faveur de ce

ftratagême. Rampfinit admirant tant de
hardieffe, promit une récompenfe au
voleur, s'il venait lui-même fe découvrir; & le jeune homme, qui fe fiait
à la parole d'un Roi, s'étant préfenté
à la Cour, le Monarque le combla
d'honneurs, & lui donna fa fille en
mariage.

Ce Ramesès, qui ne favait découvrir
un vol dans fon palais, qu'en proftituant
fa fille, & qui attachait enfuite un grand
honneur, à donner cette fille en mariage,
après l'avoir proftituée, ce Ramesès, dis-
je, pour ne point dégénérer de ce qu'il
appellait la gloire de fes prédéceffeurs,
fe mit à ériger des obélifques. Il y a un
de ces monumens auquel Pline, par fa
defcription, a donné quelque célébrité.
On employa vingt mille hommes à le
tailler dans la carrière. Quand il fut arrivé à Héliopolis, les Architectes le
trouvèrent d'une pefanteur fi énorme,
qu'ils jugèrent leurs machines infuffi-
fantes pour l'élever fur fa bafe; alors le

Pharaon eut recours à un moyen bien étrange, pour forcer les Artiftes à redoubler d'adreffe; il fit attacher fon propre fils, l'héritier préfomptif de fa Couronne, au haut de l'obélifque; & c'eft en expofant vingt fois la vie du jeune Prince, que ce monument fut érigé (*a*).

Augufte, effrayé de la pefanteur de l'obélifque de Ramesès, n'ofa le tranfporter à Rome. Conftance, moins timide, quelques fiècles après, en embellit cette Capitale du monde; il avait d'abord été placé dans le grand Cirque, mais Sixte - Quint le transféra devant la Bafilique de Saint - Jean de Latran.

Cet obélifque eft chargé d'hiéroglyphes dont le Grec Hermapion nous a procuré l'intelligence. En lifant les titres fuperbes de l'infcription, on ferait tenté de prendre Ramesès pour Alexandre.

____

(*a*) Plin. *Hiftor. Natur.* lib. 36.

Ramesès, fils du Soleil, chéri des Dieux dont il partage l'immortalité, vainqueur des Barbares, Maître fouverain du monde, &c. a érigé ce monument (a).

Pour fauver l'abfurdité de cette înfcription, les Prêtres d'Egypte avaient imaginé des exploits au Pharaon. Ils dirent à Germanicus, quand ce héros de Tacite vint vifiter les rivages du Nil, que Ramesès avait trouvé dans la feule ville de Thèbes fept cens mille hommes en état de porter les armes, & qu'il s'en était fervi pour fubjuguer la Libye, l'Ethyopie, la Scythie, la Syrie, la Perfe, l'Arménie, & la Cappadoce (b). On ne revient pas de fon étonnement, quand on voit un menfonge hiftorique auffi évident, avancé par des Prêtres, au fiècle de Tacite.

Il n'y a pas un fiècle entre les deux règnes de Séfoftris & de Ramesès ; &

______

(a) *Ammian. Marcell.* lib. 5.
(b) *Tacit. in vit. Germanic.*

dans cet intervalle , voilà le monde conquis deux fois , fans qu'il s'en doute , par les Pharaons.

Hérodote ne parle point de la conquête du monde par Ramesès ; mais il conte gravement (encore fur la parole des Prêtres) , que ce Roi d'Egypte defcendit vivant dans les enfeïs , qu'il s'y amufa à jouer aux dés avec Proferpine , que tantôt il gagna , tantôt il perdit , & que quand il revint fur terre , l'époufe de Pluton lui fit préfent d'une écharpe d'or. Ce Héros , qui ne defcend chez les morts que pour jouer aux dés , rend plus vraifemblable le conte du Pharaon qui proftitue fa fille , que celui du guerrier qui partit à la tête de fept cens mille Thébains pour fubjuguer l'Univers.

Le règne de Ramesès , fuivant le judicieux Manéthon , ne fut que long , fans être brillant ; le Prêtre d'Héliopolis le prolonge jufqu'à foixante ans : ainfi fa mort tombe à l'an 1017 de l'Ere de Callifthène.

Pline met la prife de Troye fous le
règne de Ramesès (a) ; mais la chronique
de Paros, monument beaucoup plus authentique pour la Chronologie , rapproche de nous cette époque de quatre
ans, & il faut adopter ce dernier calcul,
plutôt que celui de l'*Histoire Naturelle.*

(a) *Histor. Natur.* lib. 36 , cap. 8.

SUITE
DES PHARAONS,

ET DE LA CONFUSION INTRODUITE PAR LES HISTORIENS DANS L'OR-DRE DE LA DIX-NEUVIEME DY-NASTIE (a).

MANÉTHON, Hérodote & Dio-dore ont tous les trois parlé des Rois fucceffeurs de Séfoftris, & tous les trois ils fe font contredits, & pour les faits, & pour la chronologie ; cependant il n'y a aucun de nos Savans modernes qui

______

(a) Syncell. *Chronograph.* paffim. Hérod. *Euterpe*, vel lib. 2. Diod. Sicul. lib. 1, fect. 2, parag. 12.

ne prétendent les avoir conciliés. Tout s'arrange au gré de leur plume ; on croit voir Thèbes sortir des entrailles de la terre, au son de la lyre d'Amphion. Les grandes difficultés naissent sur-tout, depuis la mort du fils de Séfostris, & c'est alors en effet qu'on voit briller le génie conjectural des Fourmont, des Marsham & des Scaliger. Pour nous, contents d'exposer les erreurs des Anciens, nous ne chercherons point à les pallier par de futiles conciliations. C'est ici l'unique devoir de l'Ecrivain qui n'a point d'édifice aérien à construire parmi les nuages.

Nous avons vu Hérodote attribuer à Amenophtis, qu'il appelle Protée, le fameux Jugement de l'enlèvement d'Hélène. Or, ce Pharaon n'étant mort que l'an 957 de l'Ere de Callisthène, tandis que la prise de Troye tombe à l'an 1021, il s'ensuit un intervalle d'environ soixante & dix ans entre le crime & la vengeance, ce qui contredit à la fois l'Iliade & la raison.

Les anachronifmes de Diodore à cette époque font encore plus révoltans ; il place à la fuite du fucceffeur de Séfoftris *une longue lifte de Rois dignes de l'oubli* ; après quoi paraiffent fur la fcène trois Pharaons célèbres, Amafis, Actifane & Mendès ; & cet intervalle eft encore fuivi d'un interrègne de cent-cinquante ans, qui conduit jufqu'à l'Amenophtis de Manéthon, ou au Protée d'Hérodote.

Voilà donc deux Hiftoriens de l'Egypte qui s'accordent à ne mettre aucun Pharaon intermédiaire entre le fils de Séfoftris & Amenophtis, tandis qu'un troifième en ajoute une vingtaine au catalogue, ce qui allonge de plus de cinq cents ans la durée de cette dynaftie.

Abandonnons ici la chronologie de Diodore ; ce n'eft point à l'imagination de l'Hiftorien, à trouver de l'ordre dans fa lifte des Pharaons, puifque cet ordre n'exifte pas : contentons-nous de jetter un coup-d'œil fur fon Amafis, fon Actisane & son Mendès. Ces Rois d'Egypte, quoique déplacés par rapport aux dates, peuvent, par rapport aux faits, tenir un rang dans l'Histoire des Hommes.

AMASIS.——Homme violent, qui porta à son comble la terreur du despotisme. Son caprice fut, pendant long-tems, la seule loi vivante de l'Egypte; il confisquait les biens des uns sans prétexte, il faisait mourir les autres sans les juger; mais en vain la tyrannie était à son dernier période, comme il n'y avait aucune énergie dans la Nation, on craignait même de s'abandonner aux murmures. Le salut du peuple, comme il arrive de tems en tems dans les Gouvernemens absolus, vint par un remède affreux, par la conquête. Actisane, Roi d'Ethyopie, parut à la tête d'une armée sur les frontières de la Thébaïde, vainquit Amasis, le détrôna, & l'Egypte asservie commença à respirer.

ACTISANE.——Instruit par les malheurs de sa victime, ce Conquérant ne l'imita point dans fon farouche defpotifme ; il refpecta le fang même de l'infracteur des loix fociales. C'eft à lui qu'on attribue la fameufe loi qui modérait la peine de mort pour le crime de vol ; mais fon fiècle était fi barbare, qu'il n'ofa pas faire en ce genre tout le bien qu'il méditait ; en confervant la vie à des hommes, coupables fans doute envers la fociété, mais non pas affez pour les retrancher de fon fein, il ordonna qu'on leur coupât le nez, forte de mutilation égale, en un fens, à la mort civile ; car le criminel qui a des remords, aime autant ne pas exifter que d'exifter avec opprobre. Le Légiflateur Egyptien ne tarda pas à s'appercevoir que fa loi, deftinée à adoucir les mœurs, était loin de remplir le but humain qu'il s'était propofé ; alors il relégua dans un défert les malheureux, que le fupplice qu'ils avaient fubi avait rendus inutiles à la Nation, & il leur bâtit, du nom de leur mutilation, une ville de Rhinocorure : ce nouvel adouciffe-

ment au Code criminel eut tout le fuccès qu'en attendait Actifane. Les brigands punis, mais non découragés , fentirent moins leur opprobre, en ne voyant
autour d'eux que des êtres qui le parta-
geaient : alors ils fe formèrent, dans le
lieu de leur exil, un genre de vie & des
arts conformes à leur befoin ; ils tirèrent
en particulier d'un végétal une efpèce de
chanvre, dont ils firent des filets de la
longueur de plufieurs ftades , qui leur
fervirent à faire des chaffes & des pê-
ches abondantes. Peu-à-peu le commerce
de Rhinocorure s'étendit , & l'induftrie
des malfaiteurs qui l'habitaient , ajouta
une ville du fecond ordre au domaine
des Pharaons (*a*).

(*a*) De fameux fceptiques de l'antiquité ont
tiré parti de ce récit de Diodore , pour faire,
des brigands mutilés de Rhinocorure , les ancêtres des Hébreux. Mais ce fait ifolé n'eft
point une preuve du fyftême. L'Abréviateur de
Trogue-Pompée , qui a tenté d'expliquer le

MENDÈS. — Ce successeur d'Actisane ne fut pas un Prince de sa maison, mais un Egyptien ; il n'aspira ni à la gloire des Conquérans, ni à celle des Législateurs ; son unique soin, pendant le cours de son règne, fut de s'ériger un tombeau ;

---

prodige de la sortie de l'Egypte, contredit lui-même cette interprétation du texte de Diodore. Il suppose que les Hébreux (qui d'ailleurs n'avaient point le nez coupé) étaient infectés de la lèpre, & avaient communiqué cette affreuse maladie aux Egyptiens ; que les Pharaons, pour prévenir les ravages de l'épidémie , avaient banni les compatriotes de Moyse ; que ceux-ci, en quittant l'Egypte , en avaient emporté les idoles ; qu'on les avait poursuivis pour punir leur brigandage , & que l'armée du Roi de Memphis avait été obligée de reprendre le chemin du Nil, à cause des orages. Voy. Justin. *Histor.* lib. 36, cap. 2.

Au milieu de toutes ces contradictions des Historiens, il est plus simple de croire Justin mal informé, & de ne pas expliquer le texte de Diodore.

seulement pour ne pas imiter les conftructeurs des pyramides , il convertit ce
monument en labyrinthe. Diodore prétend que le palais funèbre de Mendès
fervit dans la fuite de modèle au fameux
labyrinthe de Crète , où les Poètes ont
logé le Minotaure.

Tels font les Rois de Diodore ; qui
allongent de leurs règnes parafites la durée de la dix-neuvième dynaftie. Venons
maintenant au catalogue un peu moins
fufpect des Prêtres - Hiftoriens d'Héliopolis.

AMMENÈMES. — C'eft le fucceffeur de
Ramesès , fuivant Manéthon. Ce Prince
dormit cinq ans fur le thrône de Memphis , enfuite il mourut.

Si cependant en mettant à part la férie des faits établis par Diodore , on
voulait fe contenter de lier fa chronologie avec celle de Manéthon , on trouverait que l'obfcur Ammenèmes eft le
fameux Nilus de l'Hiftorien de Sicile ,
qui maîtrifa le fleuve de l'Egypte par

ſes digues & ſes canaux , & lui donna ſon nom. Il eſt certain , du moins, que le règne de Nilus tombe , ainſi que celui d'Ammenèmes , vers l'an 1018 de l'Ere de Calliſthène , & ſe concilie parfaitement avec l'Ere des Olympiades (a).

Et en admettant ce Sinchroniſme , on reconnaît que ce n'eſt que de cette époque que Diodore peut avoir une chronologie.

THUORIS. — Ce Pharaon ne travailla point pendant les ſept ans de ſon règne, pour vivre dans la mémoire des hommes ; mais ces mots de Manéthon : *Thuoris eſt le Prince qu'Homère appelle Polybe. Il épouſa Alcandra , & de ſon tems arriva la priſe de Troye ;* ces mots , dis-je , jettent un grand jour ſur la chronologie des dynaſties (b).

____

(a) Voyez ci-après le principe VIII dans le chapitre des *Faſtes de la Monarchie des Pha-raons.*

(b) Voyez ci-après le parti que nous avons

Roi Anonyme. — Il termine la dix-
neuvième dynaftie, & fon règne doit
être de cinq ans, pour que la fomme
totale fe rapporte avec la durée des règnes
individuels.

---

tiré de ce trait de lumière, au chapitre qui a
pour titre : *Faftes de la Monarchie des Pharaons.*

DES ROIS OBSCURS

DE

CINQ DYNASTIES.

DE l'époque où nous sommes, jusqu'au règne de Sabbacon, il y a un intervalle de cinq cents vingt ans, que Manéthon ne remplit que par des noms stériles de Pharaons oubliés. La répugnance que trouve ma plume à les transcrire, prouve le sacrifice que je fais à l'ordre chronologique de ces annales.

VINGTIEME DYNASTIE. — Elle est composée, suivant le Prêtre - Historien qui me sert de guide, de douze Rois de Diospolis, qu'il ne nomme point, & qui entr'eux tous gouvernèrent l'Egypte 135 ans, ce qui ne donne qu'environ onze ans pour chaque règne individuel.

Le dernier de ces Rois anonymes mourut ou fut détrôné l'an 1169 de l'Ere de Callifthène.

Vingt-unieme Dynastie. — Les fept Princes de Tanis qui la compofent, font nommés par Manéthon; mais on ne fait rien de tous ces automates couronnés, finon qu'ils montèrent fur le thrône, & qu'ils moururent.

Smedes règne . . . . 26 ans.
Phóucenes 46
Nephelcheres . . 4
Ammophtis 9
Osochor. 6
Pinaches. 9
Sousennes. . . . 30

L'extinction de cette ving-unième dynaftie arriva l'an 1299 de l'Ere de Callifthène.

Vingt-deuxieme Dynastie. — Le Prêtre-Hiftorien d'Héliopolis la compofe de neuf Rois de Bubafte, dont il ne nomme que trois.

Sésonchis conferve fa couronne 21 ans.
Osoroth 15
Tacellotis 13

Les fix Rois anonymes règnent entre eux tous 71 ans, ce qui forme une durée de 120 pour la dynaftie entière ; alors fon extinction tombe à l'an 1419 de l'Ere de Callifthène.

Vingt-troisieme Dynastie. — Elle eft formée de quatre Rois de Tanis, qui règnent entr'eux tous 89 ans.

Pétoubatès. — Ce Roi-ftatue mérite quelqu'attention, parce que Manéthon dit que c'eft fous fon règne que la Grèce commença à compter la première de fes Olympiades ; or, nos calculs, faits avec la plus fcrupuleufe exactitude, tendent à prouver que l'époque célèbre dont il s'agit, tombe l'an 35 du règne de ce Pharaon, qui en régna en tout quarante; ce qui lie, de la manière la plus heureufe, la chronologie Grecque avec celle des dynafties (*a*).

OSORCHO. — Les Egyptiens le nommèrent Hercule, & il eft bien fingulier que ce titre, que lui donna l'adulateur, ait été confervé par l'Hiftorien philofophe. Oforcho dormit fur le trône huit ans.

PSAMMOïs. — Il règna dix ans.

ZET. — Si on confulte, non le rapport des faits, mais celui des dates, on trouve que ce Prince eft l'Atychis d'Hérodote. Cet Hiftorien dit qu'il fit bâtir, dans le temple de Vulcain, une magnifique galerie qu'il enrichit de ftatues & de monumens d'architecture. Occupé de l'économie intérieure de fon Royaume, il fit, fur les emprunts, une loi très-vantée par les enthoufiaftes de

---

(*a*) Voyez ci-après le chapitre *des Faftes*, principe VII.

l'Egypte, mais qui caractérise plus la barbarie du siècle, que la sagesse du Législateur : ce fut d'ordonner à ses sujets de prêter de l'argent à tout homme qui donnerait en gage le cadavre de son père ; & dans le cas où le débiteur négligerait de retirer un gage si cher, il devait être lui-même privé de tout honneur funèbre ; mais les hommes sans principes, qui ne sont pas rares dans les Gouvernemens absolus, ne devaient pas s'allarmer d'un pareil châtiment ; quand on avait assez peu de délicatesse pour livrer à des mains mercénaires le corps d'un père, pouvait-on s'inquiéter de sa propre sépulture ?

Cet Atychis, pour égaler ce qu'il appellait la gloire de ses prédécesseurs, bâtit une pyramide de brique, & y fit graver cette inscription fastueuse : » J'ai » été formé avec le seul limon qu'on a » tiré du fond d'un lac avec une sonde, » & qu'on a converti en brique ; ne me » compare donc pas avec les autres py-

» ramides ; je ne puis pas plus être mise
» en parallèle avec ces faibles monumens,
» que Jupiter avec le vulgaire des im-
» mortels «.

Le règne du Pharaon, s'il est le même
que le Zet de Manéthon, est fixé par
ce dernier à 31 ans. Ce fut à sa mort,
c'est-à-dire à l'an 1508 de l'Ere de
Calisthène, que le sceptre des Pharaons
passa à une autre dynastie.

Vingt-quatrieme Dynastie. — On
n'y voit qu'un seul Pharaon, nommé
Bonchoris par Manéthon & Diodore,
& Anysis par Hérodote. Le Prêtre d'Héliopolis ne parle de ce Bonchoris que
pour transcrire une absurdité. Il veut que,
sous ce Prince, l'Egypte vit parler un
agneau.

Bonchoris fut détrôné par Sabbacon,
dont le règne mémorable mérite une
place distinguée dans l'histoire. Mais
avant de dessiner les traits de ce Conquérant, il faut revenir un moment sur

nos pas , & jetter un coup-d'œil sur quelques Rois des catalogues de Diodore & d'Hérodote , dont les analogues ne se trouvent point dans la liste de Manéthon , mais qui, s'ils ont existé , ont dû gouverner l'Egypte pendant l'intervalle des cinq dernières dynasties.

D'UN ROI ATHÉE

ET

DE SA PYRAMIDE (a).

Hérodote nomme Cheops, & Diodore Chemnis (b), le premier athée couronné que nous rencontrons dans les annales de l'espèce humaine. On prétend qu'il fit fermer tous les temples de l'Egypte, & qu'il défendit à ses sujets d'adorer l'Etre suprême. Quoique par amour pour mes semblables, j'incline à penser

---

(a) Hérod. *Euterpe* ou *lib.* 2. Diod. Sicul. lib. 1, sect. 2, parag. 15.

(b) Hérodote le donne pour successeur immédiat à Ramesès ; mais, suivant Diodore, il y eut neuf Rois entre ces deux Pharaons ; il ne faut pas balancer à abandonner ici la chronologie erronée d'Hérodote.

tout le mal poſſible des Deſpotes , je ne puis cependant ajouter foi à cette extravagance de Cheops. Il ne fut jamais de l'intérêt d'un Souverain abſolu de ravir Dieu à ſes eſclaves; il n'y a guères que la religion qui puiſſe empêcher l'homme ſocial , que l'injuſtice tourmente & dégrade , de ſe ſervir de ſa chaîne même, pour frappper le tyran qui l'écraſe.

Cheops , ajoute-t-on , pour tenir ſes peuples en haleine , & les empêcher de s'appercevoir que leur dieu Apis mourait de faim , les occupa à bâtir des pyramides. C'eſt à cet Athée célèbre qu'on attribue en particulier la plus grande de toutes, qui ſubſiſte encore , & que nous avons décrite & fait graver pour ne rien laiſſer à deſirer ſur ce monument de la patience Egyptienne. Arrêtons-nous un moment ſur les détails hiſtoriques de ſon érection , tels qu'ils nous ont été tranſmis par l'antiquité.

La pyramide de Cheops eſt , ſuivant Diodore , une des ſept merveilles du monde : elle préfente à fa bafe un quarré de fept cents pieds fur plus de fix cents de hauteur. Ses quatre faces diminuent par degré en s'élevant, de forte qu'elles n'ont plus que dix pieds à la plate-forme qui termine l'édifice. Hérodote , qui avait mefuré ce monument avant l'Hiftorien de Sicile , fait fa hauteur égale à chaque face , & il donne à cette dernière huit plèthres ou huits cents pieds (*a*). Ces deux mefures ne s'accordent point avec celles des modernes ; ce qui n'eft pas étonnant , puifqu'aujourd'hui le fommet de la pyramide eft tronqué. Mais elles devraient du moins s'accordér entr'elles , puifque l'édifice était encore tout entier fous les Céfars, & que Diodore ne s'eft pas fervi , pour calculer fes dimenfions, d'un autre pied que de celui d'Hérodote.

____

(*a*) On fait que le pied Grec n'a qu'onze pouces , quatre lignes & demie des nôtres ; ce qui réduit le plèthre à quatre-vingt-quatorze pieds neuf pouces & fix lignes.

On voit , dans la defcription du père de l'hiftoire , des détails fur l'intérieur de cette pyramide , que la cupidité des Califes , & la curiofité philofophique du Conful Maillet n'ont pu encore vérifier; tel eft en particulier une falle de foixante pieds de large , fur quarante-huit de haut, qu'il fit conftruire toute entière , avec des pierres de taille , chargées d'hyéroglyphes.

La conftruction de cet énorme maffif dut coûter des peines infinies , car l'architecture alors était fi fort à fon berceau , qu'on n'avait pas encore trouvé l'art d'échaffauder (*a*). S'il en faut croire Hérodote , on fuppléa à ce défaut de connaiffance , en plaçant fur chaque degré une machine , qui fervait à monter les pierres au fommet de l'édifice. Diodore veut qu'on y ait employé des terraffes. Les Egyptiens appuyaient ce dernier

____

(*a*) Ce font les propres termes de Diodore, *loc. citat.*

fyftême, & quand on leur demandait
ce qu'étaient devenues ces montagnes
faites de main d'homme , ils répon-
daient que les efclaves de Cheops les
avaient conftruites d'une terre imprégnée
de fel & de nitre, de forte que le Nil,
en fe débordant, à force de les délayer,
les avait fait difparaître.

Nous n'avons pas encore terminé l'hiftoire de toutes les merveilles qui accompagnèrent la fondation de cette pyramide.

On mit vingt ans à ériger ce monument de l'orgueil de Cheops, & l'athée
couronné y employa journellement trois
cents foixante mille hommes (*a*).

On peut juger des fommes qu'il en
coûta au Pharaon pour terminer ce grand
ouvrage, puifque le feul mémoire des
raves & des oignons qu'on fournit à la
nourriture des manœuvres, monta à feize

(*a*) Ce dernier trait n'eft que dans Diodore.

cents talents, ou à 8,666,666 livres de notre monnaie (*a*).

Il n'en coûte rien à l'imagination des Hiſtoriens, pour payer tous les travaux d'un pareil monument ; mais le Pharaon, dont le tréſor était borné , s'apperçut que la dette qu'il contractait, allait écraſer ſes peuples ; il eut recours alors à l'expédient de Rampſinit (*b*) ; il proſtitua ſa fille pour achever ſa pyramide. La Princeſſe, ajoute-on, prit alors tant de goût au métier de Courtiſanne , qu'elle ſe propoſa de faire ſervir ſes charmes à élever, pour ſon compte, de pareils monumens. Elle exigea donc que chaque Egyptien qu'elle rendrait heureux, lui apporterait une pierre , & avec ces pierres & ces jouiſſances, elle bâtit une pyramide.

(*a*) Ce fait eſt à la fois dans Hérodote & dans Diodore.

(*b*) Autre conte du père de l'hiſtoire.

L'athée Cheops put voir terminer le monument de la proſtitution de ſa fille, s'il eſt vrai qu'il régna un demi-ſiècle, comme l'aſſurent, dans leur chronologie ſuſpecte, les Hérodote & les Diodore.

PROLONGATION

D E

L'ATHÉISME PUBLIC,

SOUS LE ROI CÉPHREN (a).

CÉPHREN, frère de Cheops, succéda à sa Couronne & à ses principes irréligieux; il voulut que les temples de l'Egypte restassent fermés pendant tout son règne, & ce règne fut de cinquante-six ans. Par une bisarrerie unique dans l'histoire, le peuple le plus superstitieux de la terre, le peuple qui se prosternait devant ses oignons, ses bœufs & ses

______

(a) Hérod. *Euterpe* ou *lib.* 2. Diod. Sicul. lib. 1, sect. 2, parag. 16.

crocodiles, ne murmura point ; il se vit enlever, pendant plus d'un siècle, son ciel & ses vertus, sans qu'une goutte de sang fût versée autour du trône. Il est vrai que pour un fait aussi étrange, nous n'avons d'autre garant que la bon-hommie d'Hérodote.

Si cependant il était dans l'ordre des extravagances humaines, que l'Egypte entière eût été cent six ans sans avoir de culte public, après s'être dégradée pendant un grand nombre de siècles par le culte le plus vil & le plus pusillanime, il faudrait avouer que la superstition & l'athéisme se touchent de bien près, & que l'homme qui se fait des dieux abjects, est sur le point de n'en point avoir ; vérité qu'une étude superficielle du cœur humain peut contredire, mais qu'une étude approfondie met dans la dernière évidence.

Céphren, pour copier en tout Cheops, érigea une pyramide ; il la fit bâtir d'une espèce de granit nuancé qu'il tirait de l'Ethyopie ; elle a , dit-on , quarante pieds de plus de fondement que celle qui lui fervait de modèle ; mais fon étendue n'eft pas fi confidérable, puifque chaque face n'a que 625 pieds Grecs , tandis que l'autre en a 700 ; toutes deux furent placées fur une colline élevée d'environ feize toifes.

Cheops & Céphren avaient conftruit ces monumens pour leur fervir de tombeau ; mais ni l'un ni l'autre n'y furent enfévelis ; le peuple , écrafé pendant plus d'un fiècle par leur defpotifme , jura , dès qu'ils ne feraient plus , de troubler le repos de leur tombe ; les Pharaons le furent , & chargèrent leurs amis de dépofer, dans un afyle moins expofé aux regards , leurs auguftes momies.

Hérodote prétend que les noms de Cheops & de Céphren, devinrent fi en horreur à la nation qu'ils avaient gouvernée , qu'on fut long-tems fans vouloir même les prononcer. Voilà peut-être pourquoi ils ne se trouvent point parmi les dynasties de Manéthon.

HISTOIRE

DE

MYCERIN (a).

CE Prince était fils de Cheops, & il
succéda à son oncle dans le Gouvernement de l'Egypte. Il ne ressembla en
rien aux deux Rois athées qui avaient
souillé le trône de leur longue tyrannie.
Le premier acte de son règne fut de
rouvrir les temples fermés depuis cent
six ans. Cette grande révolution s'opéra
sans effort; les peuples, sans caractère,
qui s'étaient laissé aller à l'athéisme, se
laissèrent aller de même au culte de

____

(a) Hérod. & Diod. *loc. citat.*

leurs taureaux sacrés & de leurs dieux crocodiles.

Mycerin acquit aussi des droits au titre de père de la patrie, en faisant rendre la justice dans ses Etats avec la plus grande intégrité ; on ajoute que quand on se plaignait à lui de ses propres jugemens, il indemnisait, de l'argent du trésor royal, la partie lésée, pour qu'aucun de ses sujets ne se retirât mécontent de sa personne. Ce fait est digne de Titus, & on est bien étonné de trouver un Titus dans l'histoire d'Egypte.

Il faut pardonner à Mycerin d'avoir aussi tenté de bâtir une pyramide ; son siècle était monté à trouver de la gloire à ériger de pareils monumens ; seulement on peut conjecturer, d'après les principes de bienfaisance du Pharaon, qu'il ne fit point gémir les Egyptiens sous le poids des travaux ; & que s'il avait eu le tems de conduire cette pyramide à son comble, il y aurait été inhumé.

La pyramide de Mycerin n'avait que trois cents pieds à chaque face, ainsi elle était plus petite que celles de Cheops & de Céphren, mais elle les effaçait par le choix de la pierre & par le fini du travail. Le Pharaon, qui avait entrepris ce monument, mourut lorsqu'on l'avait conduit jusqu'à la quatorzième assise, & il ne fut point terminé.

Mycerin avait une fille unique, qu'il perdit dans la fleur de son âge. Ce Prince l'aimait avec idolatrie, & on doit s'y attendre, d'après les traits que nous venons de citer. Le père de la patrie est toujours un Dieu pour sa famille. Aussi il la pleura avec amertume ; pour immortaliser l'objet de sa douleur, il fit faire une génisse du bois le plus précieux ; il ordonna qu'on la dorât, & il y enferma le corps de sa fille. Ce monument resta exposé dans une salle de son palais de Saïs tant qu'il vécut. On y brûlait sans cesse des parfums exquis, & le Pharaon donnait ainsi le change

à fa douleur, par cette efpèce d'apothéofe.

Cependant la calomnie qui veille autour des bons Rois, comme autour des
hommes de génie, empoifonna ce délire de la tendreffe paternelle. On pré-
tendit que Mycerin, éperdument amou-
reux de fa fille, l'avait violée ; & que
cette Princeffe s'étant étranglée de dé-
fefpoir, fon père, toujours épris, avait
décerné un culte à l'objet de fes amours.
Vingt ftatues de femmes nues & fans
mains, qu'on voyait dans une falle voi-
fine du lit de parade, fervaient encore
à colorer la fable de cet incefte. On
difait qu'elles repréfentaient les Egyptiennes qui avaient fervi le Pharaon
dans le moment du viol, & à qui la
mère de l'infortunée avait fait couper
les mains. Hérodote, qui, quoique crédule, eft toujours honnête, juftifie d'un
tel crime la mémoire de Mycerin ; il
affure en particulier que c'eft le laps du
tems qui a fait tomber les mains des

ſtatues, & qu'on n'a point ſongé, en les mutilant de deſſein prémédité, à éternifer l'ignominie de la maiſon royale. Il n'y a rien à ajouter au raiſonnement judicieux d'Hérodote.

Le père de l'hiſtoire termine ſon apologie du Titus Egyptien, par un trait un peu moins à l'abri du fcepticiſme. A peine, dit-il, ſa fille était-elle morte, qu'un Oracle vint lui apprendre qu'il n'avait plus, lui-même, que ſix ans à vivre. Le Pharaon, qui ne ſongeait pas à mourir, parce qu'il avait encore du bien à faire aux hommes, repréſenta aux Dieux, combien il lui était dur, après les exemples de religion qu'il avait donnés à ſes peuples, de voir ainſi abréger ſa carrière, tandis que ſon père & ſon oncle, qui avaienr propagé l'athéiſme dans leurs Etats, avaient vécu au-delà d'un demi-ſiècle. Mais la ſentence céleſte ne fut point réformée. Ses interprètes répondirent à Mycerin qu'il fallait que l'Egypte fût opprimée pendant cent

cinquante ans. On voit par-là combien
eft ancien l'affreux dogme de la fata-
lité , qui dégrade l'idée fublime de
l'Etre fuprême, & anéantit dans le cœur
des hommes le germe de toutes les
vertus.

Mycerin , condamné fans raifon à
mourir avant le tems , crut qu'il n'avait
plus rien à ménager avec les tyrans de
la terre. Il abandonna les foins pénibles
de la royauté pour fe livrer aux plaifirs ;
& afin de faire mentir le ciel , qui avait
fixé à fix ans le terme de fa vie, pendant tout cet intervalle il ne dormit
point , ce qui parut la prolonger de
moitié. — Il eft auffi difficile de croire
au prodige des nuits changées en jours ,
qu'à la véracité de l'Oracle.

Les Prêtres de l'Egypte , par leurs
impoftures religieufes , avaient donc fait
tout ce qu'ils avaient pu , pour rendre
Mycerin athée ; mais il eft difficile de
croire que ce Prince , né bienfaifant &
fenfible , ait confondu avec les idoles

facerdotales, dont fa raifon fe jouait, l'Ordonnateur des mondes , qui , en parlant fans ceffe à fon cœur , avait tant de droits à fa reconnaiffance.

HISTOIRE

DU SAGE

SABBACON (*a*).

CE fameux chef de la vingt-cinquième dynastie des Pharaons, était un Roi d'Ethyopie qui conquit l'Egypte en une campagne, ainsi que l'ont fait tous les guerriers qui ont paru armés sur ses frontières. Il est vrai qu'à l'inertie politique de l'Etat, causée par la superstition des Prêtres & le despotisme des Rois, se joignait la faiblesse personnelle du Monarque qui occupait alors le trône de

---

(*a*) Manéthon *Syncell. Chronogr.* Hérod. *Euterpe.* Diod. Sicul. lib. 1, sect. 2, par. 18.

Séfoftris. Enféveli dans les voluptés de fon ferrail, Bonchoris n'oppofa que des eunuques aux foldats qui venaient ravager fes Provinces ; & avec l'ame de Sardanapale, il eut fa deftinée.

Manéthon dit que le vainqueur de Bonchoris fit brûler fa victime. Cette attrocité ne paraît pas dans le caractère de Sabbacon ; s'il avait pu fe livrer à cet excès de tyrannie, toutes les pages de fon hiftoire fe trouveraient en contradiction avec celle-ci. Ne nous preffons pas de confondre les héros de l'antiquité avec nos farouches conquérans du nouveau monde , qui fondaient les empires en faifant dévorer les Généraux d'armée par des chiens, & en traînant les Rois fur des bûchers.

Hérodote, plus inftruit peut-être du fait que Manéthon, dit que le Roi d'Egypte, détrôné par le héros d'Ethyopie, fe fauva dans des marécages, & y refta caché tout le tems de fon règne. Sabbacon ignora fon afyle, ou du moins feignit de l'ignorer, & de frivoles raisons d'Etat ne l'engagèrent point à proscrire sa tête.

Le premier soin de ce Roi étranger, quand il se vit paisible possesseur du trône de Bonchoris, fut d'adoucir les mœurs de ses nouveaux sujets. Il leur donna un code criminel, tel que Socrate, législateur, l'eût donné à un peuple ami des lumières; & l'Egypte, rappellée à la nature, tranquille & heureuse, pardonna au Conquérant de l'avoir subjuguée.

Les prédécesseurs de Bonchoris avaient mis leur gloire à élever des monumens de faste. Sabbacon mit la sienne à élever des monumens utiles. On remarquait depuis long-tems que le sol des villes du Delta & de l'Heptanomide étant au niveau du Nil dans le tems de sa crue, l'inondation périodique du fleuve endommageait la base des édifices ; le sage Monarque fit creuser par-tout des canaux, & ordonna que la terre en serait tranſportée autour des Capitales des Nomes, pour leur ſervir de remparts contre les débordemens. Ces travaux pénibles ne furent exécutés que par les malfaiteurs, ce qui rendit précieux pour l'Etat des milliers d'hommes perdus pour lui, quand il les laiſſe languir dans la fange obſcure des priſons, ou qu'il en peuple les échaffauds.

Parmi les monumens utiles que l'Egypte dut à Sabbacon, on cite un temple de Diane, élevé dans Bubaſte, que les Grecs avaient l'indulgence de venir admirer. Deux canaux du Nil, chacun de cent pieds de large, & ombragés d'arbres d'une hauteur prodigieuſe, environnaient preſque en tout ſens l'enceinte de l'édifice. On y arrivait par une avenue immenſe, qui aboutiſſait de l'autre côté au temple d'Hermès. Hérodote, qui gâte toujours, par ſon enthouſiaſme, les objets qu'il décrit, donne à cette avenue trois-cents ſtades ou ſix de nos lieues légales. Or, comme le monument de Sabbacon fut bâti au centre de Bubafte, il s'en fuivrait, d'après le cacul du père de l'hiftoire, que la ville étant fuppofée un quarré parfait, comme toutes les grandes villes de l'ancien monde, aurait eu au moins quarante-huit lieues de circonférence ; ce qui ne la rendrait propre qu'à loger Encelade & les Titans des Métamorphofes.

Cette avenue de fix lieues conduifait à un veftibule élevé de foixante pieds & décoré de ftatues coloffales. Pour le temple lui-même, il n'avait que cent vingt-cinq pieds en tout fens ; ce qui n'était en proportion ni avec la hauteur du veftibule, ni avec la longueur de l'avenue. On ne nous parle point de l'intérieur de l'édifice, mais il eft probable que fa décoration juftifiait un peu l'admiration des Grecs, & l'idée que la poftétité s'eft faite de la magnificence de Sabbacon.

Le héros Ethyopien, pendant fon règne, ne fut en guerre avec perfonne ;

il ne fongea qu'à vivifier fa nouvelle Monarchie, au lieu de la tuer à force de l'étendre.

Ayons le courage de dire encore, en croyant faire l'éloge de ce Prince, qu'il ne bâtit point de pyramide.

Ce règne philofophique fut troublé par le fanatifme, comme on doit s'y attendre. Les Prêtres de Thèbes ne voyaient qu'avec chagrin un étranger occuper le trône où eux-mêmes s'étaient affis, & fubftituer aux inftitutions abfur-des & féroces qu'ils avaient imaginées, un code de loix qui appellait les lu-mières. Ils cabalèrent d'abord fourde-ment contre lui; enfuite fe voyant fou-tenus de ces prétendus patriotes qui ne connaiffent que l'Etat tel qu'il eft, & non l'Etat tel qu'il doit être, ils levè-rent l'étendart de la rebellion. Sabba-con ne tarda pas à s'appercevoir que l'Egypte n'était pas encore mûre pour le bien qu'il méditait de lui faire; & ne la jugeant pas digne d'être gouvernée

par des Sages , il voulut épargner le
sang qui allait couler pour sa querelle,
& se prépara à retourner en Ethyopie.

Diodore & Hérodote ont gâté ce grand
évènement , en supposant que le Dieu
de Thèbes apparut alors en songe au
Pharaon , & qu'il lui ordonna de faire
couper en deux tous les Prêtres rebelles,
pour régner en paix sur l'Egypte. S'il
était permis à un Historien du dix-huitième siècle d'interpréter des songes , il
faudrait supposer que ce Prince , con-
seillé par des hommes d'Etat de détruire,
dans son germe , le fanatisme & la
rebellion , s'endormit un jour plein de
ces idées terribles , & que les fibres de
son cerveau en répétèrent , pendant la
nuit , les images. Quoi qu'il en soit,
le dénouement de ce grand drame fait
un honneur singulier à la mémoire de
Sabbacon. Il assembla le Collége Sacerdotal, exposa sa vision , & dit qu'il voyait
bien que sa personne déplaisait aux dieux
de l'Egypte , puisqu'ils voulaient le faire

régner par des facriléges & des homicides. Il abdiqua enfuite le pouvoir fuprême, & partit pour l'Ethyopie.

Ce grand homme, le feul peut-être
des Pharaons qui ait réuni les vertus aux
lumières, avait régné cinquante ans en
Egypte, fuivant Hérodote, quand il
abdiqua. Mais Hérodote en impofe évidemment à la poftérité. Si Sabbacon avait
porté un demi-fiècle la couronne de Séfoftris, il aurait créé fa nation; le Sacerdoce aurait été contenu, & il n'aurait
pas été mourir en Ethyopie. Manéthon,
plus exact, donne à ce Prince un règne
de huit ans. Ainfi fon abdication tombe
à l'an 1522 de l'Ere de Callifthène.

DE LA
PEINE DE MORT
ABOLIE EN ÉGYPTE
PAR SABBACON.

JE ne puis me réfoudre à quitter encore le Marc-Aurèle des Egyptiens. J'ai dit un mot de la réforme que ce Roi philofophe mit dans le code criminel de Memphis, & ce mot a befoin d'être développé. Il était d'ufage en Egypte de condamner à mort pour les moindres délits. Le nouveau Légiflateur, coupant l'arbre du defpotifme par le pied, abolit tout d'un coup la peine de mort ; cependant, pour que l'efpoir de l'impunité n'enhardît pas à de nouveaux attentats l'infracteur du pacte focial, il le condamna à des travaux publics, ayant soin de proportionner l'intensité & la durée de cette peine avec la grandeur du crime. Par ce moyen, on réparait l'offense faite au chef du corps politique, & le sang humain était épargné.

Ce beau trait de Sabbacon a été inconnu aux Philosophes mêmes qui ont voulu mesurer avec le coup-d'œil du génie l'abyme des loix criminelles ; arrêtons-nous-y un instant, parce qu'il fait époque dans l'Histoire des Hommes.

Les Légiflateurs les plus célèbres, qui ont eu des refforts politiques à faire mouvoir, ont cru que quand le mouvement était embarraffé par des rouages qui fe dégradaient, il fuffifait, pour le rétablir, de retrancher ces rouages. Ces arbitres de la deftinée humaine avaient des motifs, fans doute, pour décider où ils ne devaient que douter ; & j'imagine que ces motifs purent être expofés ainfi dans le Confeil de Sabbacon.

» L'homme naturel que l'éducation
» n'a point modifié, eſt un tigre qu'il
» faut enchaîner ou détruire.

. » Dès qu'une fois le pacte ſocial a
» ſoumis cet homme naturel, il faut plier
» ſa tête indocile ſous un joug d'airain,
» qu'il ne ſoit jamais tenté de briſer.

» L'exiſtence eſt le premier des biens
» pour l'homme devenu ſocial. Il faut
» donc lui offrir ſans ceſſe en perſpec-
» tive la perte de cette exiſtence, afin
» de le forcer à la rendre utile à ſes
» ſemblables.

» L'amour de l'ordre eſt un être mé-
» taphyſique qui n'a nulle acception pour
» la multitude. Le Légiſlateur, en ſa
» préſence, ne doit pas s'amuſer à rai-
» ſonner, mais frapper. Ce troupeau
» d'hommes eſclaves & nés pour l'être,
» n'entend qu'un ſigne, c'eſt celui qu'un
» maître impérieux fait à des bourreaux.

» Il doit y avoir un équilibre, ſans
» doute, entre les délits & les peines;
» mais le ſublime de cet équilibre eſt la

» loi du Talion. Un homme barbare
» ma-t-il mutilé? qu'il subisse le même
» genre de mutilation. Me retranche-
» t-il de la société? qu'il en soit retran-
» ché lui-même.

» Eh! par quelle étrange contradic-
» tion, un individu aurait-il sur moi ce
» terrible droit du glaive, que la loi
» n'aurait point sur lui? Quoi! l'homme
» utile périrait avant le tems, & il ne
» serait pas vengé! Le juste serait assas-
» siné par le brigand qu'il éclaire, & il
» n'y aurait de sacré sur ce globe que
» le sang de son assassin!

» On nous dit que la loi frapperait
» le coupable plus utilement, si elle le
» frappait plus lentement; on voudrait
» ainsi substituer à la peine de mort,
» ces prisons & ces chaines qui semblent
» l'éterniser. Mais tous ces vains pallia-
» tifs, imaginés par la faiblesse, sont
» des erreurs en politique. Pourquoi
» forcer le Souverain à nourrir l'homme
» qui a brisé son joug? Le trésor sacré

» de l'Etat doit-il s'épuiſer pour les be-
» ſoins de l'ennemi qui s'eſt plû à dé-
» chirer ſes entrailles ?

   » Quelque dure que paraiſſe la peine
» de mort, c'eſt la ſeule qui ſerve de
» frein aux grands criminels ; elle eſt la
» baſe des codes de tous les Légiſlateurs ;
» le globe entier paraît l'avoir adoptée,
» & il faut être plus qu'homme, pour
» avoir raiſon contre le genre humain.

Un jeune Nomarque Egyptien, qu'on
diſait infiniment éclairé, infiniment ſen-
ſible du moins, aſſiſtait à ce Conſeil
d'Etat. Quand ſon tour vint d'opiner,
il regarda avec attendriſſement le père
de la patrie, qui ſemblait, par ſes vœux
& par ſes regards, appeller ſa réponſe ;
& dit avec une émotion qu'il ne fut pas
le maître de diſſimuler :

   » Je ſuis homme, c'eſt-à-dire, ſen-
» ſible ; mon ſang qui s'agite à la vue du
» péril de mes ſemblables, mon cœur
» qui ſe ſerre, mes larmes qui coulent,
» tout me l'indique aſſez.

» En vain je replie mon ame sur elle-
» même pour en écarter tout ce que
» l'exemple & l'habitude y ont introduit
» de factice, je sens qu'elle n'a pu être
» originairement pétrie de fiel & de sang.
» L'idée de la destruction lui fait éprou-
» ver un sentiment pénible ; ainsi l'hom-
» me de la nature n'est point un tigre ;
» & quand même l'éducation sociale ne
» viendrait pas le modifier, il ne fau-
» drait ni l'enchaîner, ni l'anéantir.

» Il est bon qu'un Légiflateur qui parle
» aux hommes raffemblés , s'arme de
» toute l'énergie du pouvoir. Mais il
» faut qu'il appelle , par fa confiance,
» celle des individus qu'il enchaîne ; s'il
» les juge des êtres féroces, il les rendra
» tels ; s'il ne fait les réprimer que par
» les gibets & les bûchers, il les rendra
» dignes des gibets & des bûchers.

» On s'étonne de ce que les codes
» des empires de l'Afie font auffi mo-
» biles que l'imagination des Defpotes
» qui les gouvernent : c'est que le Lé-

» giflateur, par fes inftitutions féroces,
» n'a fait qu'amrer l'homme qui com-
» mande, contre les hommes qui obéif-
» fent; c'eft qu'il femble n'avoir jamais fup·
» pofé un cœur aux êtres qu'il était chargé
» d'éclairer; c'eft qu'il aurait cru peut-être
» proftituer le nom de Souverain, en l'affi-
» milant avec celui de père de la patrie.

» Quand la loi ne s'annonce qu'avec
» un appareil effrayant de chaînes, l'ef-
» clave lutte fans ceffe, avec fes chaînes
» mêmes, contre la loi. Voilà pourquoi
» rien n'eft ftable dans le code affreux
» des fupplices; du fein des mœurs dé-
» gradées, des crimes nouveaux naiffent
» fans ceffe, & le Gouvernement n'eft
» occupé qu'à varier les moyens de les
» punir. Mais formons, pour les enfans
» de l'Etat, un code paternel de peines,
» & il fubfiftera jufqu'à ce que le trône
» foit anéanti.

» Quel eft, au refte, ce terrible droit
» de glaive que s'arrogent les Légifla-
» teurs? Quand les fociétés fe forment,

» chaque citoyen peut céder une partie
» de fa liberté, pour jouir en paix de
» l'autre ; mais l'homme peut-il céder
» fon exiftence ? Qu'eft-ce que le Sou-
» verain donnerait en échange d'un pa-
» reil facrifice ? L'être focial n'a pas plus
» le droit de dire à la loi de le frapper
» de mort, qu'il n'a celui d'exécuter
» lui-même fa fentence. Soit qu'il s'ar-
» rache la vie, foit qu'il l'abandonne au
» defpotifme d'un maître, il y a de
» part & d'autre un fuicide.

» Si par un concours (infiniment rare)
» d'évènemens malheureux, il fe trou-
» vait que le fang d'un feul homme,
» prévînt la diffolution d'un Etat, il
» faudrait bien que l'intérêt d'un indi-
» vidu fût facrifié à l'intérêt de tous ;
» mais l'acte par lequel le citoyen ferait
» frappé de mort, ne conftituerait point
» un droit. La nation ferait cenfée avoir
» tué un homme, & elle devrait s'en
» juftifier au tribunal facré de l'huma-
» nité.

» Il n'y a qu'une occasion, peut-être,
» où le chef du corps politique ait droit
» de frapper de mort un de ses membres ;
» c'est lorsque ce membre, devenu aussi
» puissant que le chef même, fait taire
» la loi & prépare une révolution ; mais
» observons qu'alors le Souverain est
» dans le cas de la défense naturelle ;
» l'Etat lutte avec danger contre un in-
» dividu aussi fort que l'Etat ; il tue pour
» n'être point tué.

» Il faut, je le sais, un sage équilibre
» entre les délits & les peines ; mais
» cet équilibre dépend-il de la loi fé-
» roce du Talion ? Est-il bien nécessaire
» que le sang soit payé par le sang ?
» Et parce que l'Etat a perdu un citoyen,
» faut-il qu'il en perde deux ?

» Le Talion me semble une institu-
» tion de sauvages, où l'on a plutôt
» cherché à punir les délits d'une ma-
» nière prompte, qu'à les punir d'une
» manière efficace. Il est bien aisé à
» une horde vagabonde, où tout le

» monde eſt égal, de dire : l'homme
» qui mutile, ſera mutilé ; le brigand
» qui tue, ſera tué à ſon tour. Mais,
» dans un Etat policé, où il y a des
» biens & des maux d'opinion, où l'on
» peut répandre un ſang vil comme un
» ſang précieux, où l'infini ſépare le
» grand homme de ſon aſſaſſin, le Ta-
» lion ne ſatisfait ni l'offenſé, ni la pa-
» trie qui juge de l'offenſe.

» Ce Talion devrait être bien odieux
» à l'homme né libre, & que nous cour-
» bons ſous les entraves ſociales. Il a
» fait naître un fléau au ſein d'un fléau ;
» il a ajouté au droit de la guerre l'af-
» freux droit de repréſailles.

» Je ſuis loin d'autoriſer la licence.
» La première des légiſlations eſt celle
» qui prévient les attentats, & la ſe-
» conde celle qui les réprime ; mais ſi la
» peine de mort ne prévient rien, ne ré-
» prime rien ; ſi elle n'eſt point un frein
» pour le ſcélérat ; ſi elle appauvrit le
» ſang du corps politique, ſans l'épurer,

» pourquoi ne plaiderais-je pas la caufe
» fainte des hommes, en cherchant à l'a-
» néantir ?

» La peine de mort ne prévient pas
» les attentats contre l'ordre public; au
» contraire, en donnant fans cesse des
» fpectacles atroces, elle les invite à
» naître; en accoutumant les yeux à voir
» couler le fang, elle encourage des
» mains forcenées à le verfer; en légi-
» timant l'homicide public, elle féconde
» le germe des homicides.

» La peine de mort ne réprime pas
» les fcélérats. L'expérience de tous les
» fiècles & de toutes les nations, dé-
» montre qu'ils renaiffent fous la hache
» deftinée à les anéantir; il n'y en a
» aucun qui ne dife en lui-même: *l'or-*
» *dre public n'eft rien pour moi, puifque*
» *je me rends heureux en le troublant;*
» *le fupplice m'attend, je le fais, mais*
» *je mettrai mon génie à l'éluder; & fi*
» *je m'embarraffe moi-même dans les piéges*
» *que je tendrai à la loi, que m'importe ?*

» *La mort n'est qu'un instant ; il vaut mieux*
» *la braver sur l'échaffaud , après avoir*
» *joui , que de l'attendre dans son lit ,*
» *après une vie entière tissue d'oppro-*
» *bres , de douleurs & de désespoir.*

» La peine de mort, suppose un prin-
» cipe odieux; c'est que l'être qu'on re-
» tranche de la société est incapable de
» remords. Eh quoi! l'Ordonnateur des
» mondes ouvre sans cesse des voies au
» repentir & l'homme les fermerait !
» Dieu pardonne, & la loi ne pardon-
» nerait jamais !

» Punissons, il le faut, les perturba-
» teurs de l'ordre social; mais punissons-
» les d'une manière qui soit utile, soit
» aux dépositaires des loix qui les con-
» damnent, soit à la nation qu'on rend
» témoin de la peine , soit au coupa-
» pable qui la subit. Au lieu d'accu-
» muler le supplice tout entier sur la
» tête de la victime des loix, étendons-
» le sur tous les points de son existence;
» qu'elle vive, mais avec des chaînes,

» de l'ignominie, & fur-tout des re-
» mords.

» Que le fpectacle permanent d'un
» grand coupable, qui, puni à la fois
» par fa confcience & par la loi, traîne
» une exiftence pénible & douloureufe,
» ferve de frein à la multitude qui fe-
» rait tentée de l'imiter ; mais que ce
» fpectacle finiffe au moment où le délit
» eft réparé.

» L'Etat, je le fais, fera alors chargé
» de la fubfiftance des victimes de la
» loi ? Mais quel ufage plus noble peut-
» il faire des revenus dont l'adminiftra-
» tion lui eft confiée ? Ne vaut-il pas
» encore mieux que la patrie nourriffe
» fes enfans qui fe font égarés, que de
» payer leurs bourreaux ?

» Au refte, le Gouvernement fera
» affez indemnifé en rendant ces mal-
» heureux utiles. Chargeons-les de tous
» les travaux publics, qui ne font pas
» faits pour la main libre du citoyen.
» Qu'ils oppofent des digues au fleuve

» qui menace d'inonder nos villes ; que
» lorsque les vents se taisent, ils diri-
» gent le cours de nos vaisseaux au tra-
» vers des mers ; qu'ils nous taillent
» même, s'il le faut, des obélisques
» dans les carrières de Syène, & qu'ils
» nous érigent des pyramides.

» Ces principes, je l'avoue, ne font
» pas ceux des Législateurs vulgaires ;
» mais s'ils font vrais, qu'importe que
» jusqu'ici la terre les ait méconnus ?
» C'est la raison & non l'autorité qui
» doit éclairer les peuples sur leurs vrais
» intérêts ; je respecte les motifs des
» Souverains qui ont adopté la peine
» de mort, mais mon cœur me dit que
» s'il s'en trouve un qui l'anéantisse, son
» nom chéri vivra à jamais dans la mé-
» moire des hommes.

Telle est l'histoire de ce Conseil d'E-
tat à jamais mémorable ; je n'ai point
l'orgueil de décider la grande question
politique qui y fut agitée ; mais Sab-

bacon, moins timide, la décida. La peine de mort fut abolie, & il ne paraît pas que, sous ce beau règne, l'Egypte s'en soit plus mal trouvée.

DES
FABLES GRECQUES

SUR LES

SUCCESSEURS DE SABBACON.

MANÉTHON nomme Sévéchos le succeffeur de Sabbacon, & ne dit rien de ce Prince, finon qu'il régna quatorze ans, & qu'enfuite il mourut. Pour suppléer à ce filence du Prêtre d'Héliopolis, il faut bien recourir au roman hiftorique d'Hérodote.

L'Hiftorien Grec appelle Anyfis ce Sévéchos de Manéthon ; il fait entendre qu'il était né aveugle ; & il fuppofe que c'eft le même Pharaon qui fut détrôné par le héros d'Ethyopie. Il ne devait pas être jeune, quand il revint régner à

Memphis, car le père de l'histoire prétend que Sabbacon gouverna l'Egypte pendant cinquante ans. Pendant tout cet intervalle, dit-il, le Pharaon aveugle & détrôné, resta caché au milieu des marécages de la basse-Egypte, dans une isle qu'il fit, de ses mains royales, avec de la terre & des cendres. Cette isle resta ignorée pendant plus de sept cents ans, & ne fut découverte que sous Amyrtée. Son étendue, cependant, était de dix grands stades Egyptiens, ou de près de 1200 toises. Un aveugle, qui se crée douze cents toises de terrein avec des cendres, est aussi merveilleux que le héros qui, de ses mains immortelles, sépara Calpe & Abyla, pour faire le détroit de Gibraltar.

Cet Anysis, suivant Hérodote, eut pour successeur le Prêtre de Vulcain Séthon ; car depuis le premier Pharaon jusqu'à l'invasion de Cambyse, les Prêtres n'abandonnent guères la scène. Séthon est probablement le Tarchos de

Manéthon, puifque dans les deux Hiftoriens, ces Princes terminent la vingt-cinquième dynaftie. L'Ecrivain d'Egypte ne dit rien de fon Pharaon, finon qu'il régna dix-huit ans. L'Ecrivain Grec, qui, probablement, a imaginé fon héros, le fait agir dans l'efprit du caractère qu'il lui donne; Sophocle, fon compatriote, n'a pas mis plus d'art dans les rôles dramatiques d'Œdipe & de Philoctète.

Le Prêtre-Roi d'Hérodote s'annonça d'abord comme l'ennemi né de tout ce qui ne tenait point au Sacerdoce. Comme la claffe des hommes de guerre était, en Egypte, celle dont la politique franche & fière, devait le moins fe concilier avec le Machiavélifme du nouveau Théocrate, il chercha, par des actes de tyrannie, à les dépouiller de leur crédit & de leur pouvoir. Il commença par leur ôter les douze arpens de terre cultivable, que les Rois fes prédéceffeurs avaient donné à chacun en propriété;

enfuite

enfuite il fe plut à accumuler fur eux les humiliations & les outrages. Tant que l'Egypte fut en paix, perfonne ne remua ; mais l'ennemi ayant paru fur la frontière, l'inftant parut, aux gens de guerre, favorable pour la vengeance ; aucun ne voulut s'enrôler fous les drapeaux de Séthon. Au refte, le vertueux Sabbacon avait appris aux Egyptiens à ne pas s'alarmer à l'approche d'un Conquérant.

Il s'en fallait cependant bien que le guerrier qui menaçait l'Etat fût un Sabbacon ; c'était Sennachérib. Ce Prince, qui n'eft connu que par la Bible & par Hérodote, eft repréfenté, des deux côtés, comme un homme cruel & facrilége, ennemi du ciel & de la terre, & écrafant l'Affyrie, où il régnait, du poids de fon orgueil. Ainfi l'Egypte, en voyant détrôner fon Prêtre-Roi, n'aurait fait que changer de tyran.

La révolution ne s'opéra pas ; Hérodote, qui avait imaginé le drame, fut le dénouer avec des machines. Suivant

cet Hiftorien, Séthon qui, en qualité
de Miniftre des Dieux, favait mieux
prier que combattre, s'adreffa à Vulcain, & paffa la nuit dans fon temple;
le Dieu lui apparut en fonge & lui promit de le faire vaincre, fans péril. Alors
le Pharaon, encouragé, prit avec lui
des artifans, des gens de la lie du peuple & des efclaves, les arma à la hâte,
& fe rendit, à leur tête, dans Pélufe;
à peine était-il entré dans la ville, qu'une
armée de rats champêtres fe jetta, la
nuit, dans le camp de Sennachérib,
rongea les arcs & les boucliers de fes foldats; & les Affyriens, à leur réveil,
fe trouvant fans armes, furent obligés
de prendre la fuite, & d'aller cacher
leur ignominie dans Ninive.

Hérodote, qui fe doutait que la poftérité ne croirait pas à fa légion de rats,
vainqueurs de Sennachérib, appelle en
témoignage de ce prodige, une ftatue
de Séthon, placée dans le temple de
Vulcain. Ce Roi avait à la main l'ani-

mal qui l'avait si bien servi, & on lisait
cette inscription sur la base de la statue :
*Qui que tu sois, contemple cet instrument
des vengeances célestes, & apprends à
craindre les immortels.*

Des Ecrivains téméraires, par piété,
ont cru que la défaite de Sennachérib
par les rats d'Egypte, désignait ce fameux prodige des livres saints, où l'ange
exterminateur, pour venger Ezéchias,
vint frapper de mort, dans une nuit,
cent quatre-vingt-cinq mille hommes de
l'armée d'Assyrie ; mais c'est bien peu
respecter la Bible, que d'expliquer ses
merveilles par les contes d'Hérodote.

Au reste, la chronologie s'accorde avec
la raison, pour rejetter le roman de la
victoire merveilleuse de Séthon, sur
Sennachérib. L'ennemi d'Ezéchias, suivant les annales des Hébreux, n'a pu
entrer en Egypte qu'au commencement
de la seizième Olympiade, qui répond
à l'an 1514 de l'Ere de Callisthène ; &
le prodige des rats exterminateurs, sui-

vant les annales de Manéthon, doit tomber vers l'an 1552, c'eſt-à dire, trente-deux ans après la mort de Sennachérib.

Et ſi par haſard Séthon n'eſt pas le Tarchos du Prêtre d'Eliopolis, mais Néchao I, comme l'aſſurent les Savants qui font l'honneur à Hérodote de lui ſuppoſer une chronologie, il faut reculer encore juſqu'en 1573 l'époque de l'émigration des rats Egyptiens; & placer par conſéquent la défaite de Sennachérib, cinquante-trois ans après la mort de ce Roi de Ninive.

Laiſſons les fables Grecques, & revenons aux annales véritables de l'Egypte. Manéthon, qui ne nomme Tarchos, que pour ſervir de point d'appui à ſes faſtes, met la mort, ou le détrônement de ce Pharaon à l'an 1554 de l'Ere de Calliſthène. En lui s'éteignit la vingt-cinquième dynaſtie.

D'UNE
RÉVOLUTION

QUI PLACE DOUZE ROIS SUR LE TRÔNE DES PHARAONS (a).

MANÉTHON met à la tête de sa vingt-sixième dynastie, trois automates couronnés, Stéphinates, Nérepsos & Néchao I, qui dormirent sur le trône des Pharaons l'espace de vingt-un ans ; ensuite il place Psammitique, Prince célèbre dans les histoires de la Grèce & de l'Orient ; mais avant de faire connaître ce héros Egyptien, il faut suppléer au silence du Prêtre d'Héliopolis,

---

(a) Hérod. *Euterpe* ou *lib.* 2. Diod. Sicul. lib. 1, sect. 2, par. 19.

par le récit d'une étrange révolution qui a dû arriver avant le règne de Psam-mitique, & dont les détails nous ont été conservés par Hérodote & par Diodore.

Il n'y a rien de plus mobile que les Gouvernemens absolus; c'est un théâtre magique où la scène change à chaque instant; nous l'avons vu, sur-tout en Egypte; tantôt les Conquérans viennent troubler l'ordre des dynasties, tantôt des conjurés ensanglantent le trône & s'y placent; ici des soldats couronnent un Prince, & l'égorgent; là des Prêtres, unissant les deux puissances, écrasent à la fois les peuples du sceptre & de l'encensoir. Une révolution nouvelle, & non moins étrange, était réservée au siècle de Psammitique.

Douze Nomarques Egyptiens, las du machiavélisme des Prêtres & du despo-tisme des Pharaons, se liguèrent entr'eux, & partagèrent l'Egypte en douze Prin-cipautés indépendantes, mais unies entr'elles contre l'ennemi qui voudrait troubler la confédération. Il n'y avait point de Doge dans ce Sénat de Rois ; tous étaient égaux ; & ce qui eſt un prodige dans l'hiſtoire de la politique, l'ambition de chacun de ces Princes, muette pendant quinze ans, ne ſongea point à troubler l'équilibre. Il eſt probable que, pendant cet intervalle, l'Egypte n'eut que des jours ſéreins ; le deſpotiſme, occupé ſans ceſſe à ſe ſurveiller, ne put peſer ſur la nation ; les Rois ſe craignirent, & le peuple fut heureux.

Ce fut le haſard, dit-on, qui apprit aux Nomarques qu'il y avait un Céſar parmi eux. Un Oracle (car dans les ſiècles d'ignorance, rien de grand ne ſe fait ſans avoir été prédit), un Oracle, dis-je, avait annoncé que celui des douze Princes qui ferait une oblation au Dieu de Memphis dans une coupe d'airain, règnerait ſeul ſur toute l'Egypte ; un jour qu'ils étaient tous aſſemblés dans le temple de Vulcain, le Grand-Prêtre, à la fin de la cérémonie, leur préfenta, fuivant l'ufage, des vafes d'or pour faire des libations ; mais il fe trompa dans le nombre, & Pfammitique n'en eut point. Ce Prince, pour ne point retarder le facrifice, détacha alors fon cafque d'airain & y dépofa fon offrande. Cet évènement, fi fimple, donna à penfer aux Nomarques ; ils fe rappellèrent l'O-racle ; & perfuadés que Pfammitique était l'homme défigné par les Dieux pour les détrôner, ils réfolurent de l'immoler à leur politique ombrageufe. L'infortuné, inftruit du fort qui l'attendait, plaida fa caufe avec véhémence ; il prouva à fes collégues que l'offrande, dans le cafque, n'avait point été préméditée, & il tenta de donner un autre fens à l'O-racle. Les onze Rois, fuivant la morale de la nature, devaient laiffer le trône à Pfammitique ; ou, fuivant la morale de Machiavel, ils devaient lui répondre en l'affaffinant ; ils ne firent ni l'un ni l'au-tre, & la révolution qu'ils redoutaient s'opéra. Pſammitique , dépouillé du pouvoir ſuprême, & banni dans les marais du Delta, ſongea à ſe venger. Le reſſentiment, un germe d'ambition mal étouffé, peut-être même l'idée que le ciel veillait ſur ſes deſtins, tout contribua à donner l'eſſor à ſon génie deſtructeur ; & c'eſt ainſi que l'Oracle qu'on aurait fait mentir en n'y croyant pas, ſe trouva vérifié par les meſures mêmes priſes par la ſuperſtition, pour en éluder l'accompliſſement.

DU LABYRINTHE
D'ÉGYPTE (a).

P̄ENDANT que les douze Nomarques vivaient dans la plus parfaite concorde, on dit qu'ils travaillèrent à ériger en commun, un monument qui pût attester à la postérité la splendeur de leur règne. Ce monument est le labyrinthe qui a occupé pendant vingt-cinq siècles toutes les bouches de la renommée, mais qui, devant moins être rangé dans l'ordre des faits, que dans celui des merveilles, ne mérite guères que la

---

(a) Hérod. *Euterpe* ou *lib.* 2. Diod. Sicul. lib. 1, fect. 2, parag. 19. Plin. *Histor. Natur.* lib. 36, édit. de Barbou, cap. 14. Strab. *Géograp.* lib. 17. Pomponius Méla, lib. 1, cap. 9. *Descript. de l'Egypte* du Consul Maillet. *Voyages* de Pockoke, de Paul Lucas, &c.

célébrité des jardins enchantés d'Armide ou du palais du Soleil dans les Métamorphoses.

Aucun des Ecrivains de l'antiquité qui ont parlé du labyrinthe d'Egypte ne s'accorde ni fur le nom de fon auteur, ni fur le tems où il a été bâti, ni fur l'objet de ce monument, ni fur fa defcription ; chacun fait fon édifice à fa manière, & il réfulte de tous leurs récits contradictoires, un labyrinthe cent fois plus inextricable que celui dont leur plume nous a tranfmis la mémoire.

Le nom de l'auteur de cette merveille Egyptienne eft d'abord un problême infoluble à la fagacité philofophique ; Pline l'attribue au demi-dieu Titoès de Manéthon, qui, fuivant fa chronologie erronée, vivait trois mille fix cents ans avant lui (*a*). D'autres Ecrivains, en

____

(*a*) Les Compilateurs de la prétendue *Hiftoire Univerfelle* Anglaife, qui ne citent les anciens que pour les défigurer, mais qui en faisaient honneur à un Roi Mothérud, qui n'a jamais existé, ou à ce Pharaon Mœris, qui creusait en Egypte des lacs plus grands que l'Egypte même (*a*). Le Prêtre historien d'Héliopolis, voulait que le labyrinthe eût été bâti par Lacharès. Diodore, après l'avoir attribué, sans le décrire, au Roi Mendès, le décrit quelques pages après, & fait entendre que ce fut l'ouvrage des douze Nomarques d'Hérodote.

Ce Diodore, au reste, le moins exagérateur de tous les Historiens du labyrinthe, est celui qui rendrait le plus probable son existence. A l'en croire, c'était un édifice quarré de 318. pieds à chaque face, précédé d'un magnifique

revanche copient les modernes, sans les citer, ont traduit le *ter mille sexcentos annos* de Pline, par *quatre mille six cents ans.* Voyez l'édit. *in* 8°. tom. 2, pag. 64 ; mais une erreur de dix siècles importe assez peu dans un ouvrage qui n'a point de chronologie.

(*a*) Plin. *Histor. Natur.* loc. citat.

péristyle , & entouré de 160 colonnes, qui était destiné à servir de tombeau aux douze Nomarques. Il n'y a qu'un trait dans ce récit dont la raison se révolte ; c'est que le plafond de ce monument était d'une seule pierre ; quelque courbure qu'on donne aux soutiens de ce plafond, on ne conçoit pas comment il est possible qu'un seul bloc de rocher serve de couronnement à un édifice qui a 1272 pieds d'enceinte ; & quand on le concevrait, il ne serait pas encore démontré qu'un pareil travail eût été exécuté par des esclaves , qui ne substituèrent jamais que de la patience au génie de l'architecture.

Quittons le labyrinthe de Diodore, pour entrer dans celui d'Hérodote. Ce dernier semble d'abord avoir quelques droits à la croyance des siècles ; il dit en propres termes qu'il *a vu ce monument , & que sa grandeur lui parut au-dessus de sa renommée.* Voyons si l'imagination n'a pas un peu changé la teinte des objets qu'a vus le père de l'histoire.

» Réuniffez enfemble le temple d'E-
» phèfe, celui de Samos, & tous les
» plus fuperbes édifices de la Grèce,
» ils ne pourront entrer en parallèle avec
» les pyramides d'Egypte, & les pyra-
» mides elles-mêmes ne font rien en
» comparaifon du labyrinthe. . . .

» Cet ouvrage des douze Nomarques
» eft double, parce qu'il y en a un fe-
» cond fous terre. La réunion de toutes
» les chambres qui le compofent, forme
» une enfilade de trois mille trois cents
» pièces.

» Je n'ai pu vifiter le labyrinthe fouter-
» rein, parce que c'eft l'afyle où repofe la
» cendre des Rois qui l'ont bâti, & le fanc-
» tuaire où l'on nourrit les crocodiles dont
» on a fait l'apothéofe ; mais j'ai parcouru
» le labyrinthe fupérieur, & il m'a paru
» qu'il furpaffait tous les prodiges d'ar-
» chitecture imaginés par l'efprit humain.
» On ne peut fe repréfenter fans ad-
» miration, les innombrables détours

» dont ce merveilleux édifice eſt com-
» poſé. Chaque ſalle eſt entourée de
» colomnes ; & les plafonds, ainſi que
» les murs, ſont par-tout de pierres de
» tailles, enrichies de ſculpture. A l'ex-
» trémité du monument eſt une pyra-
» mide de 240 pieds de hauteur, chargée
» d'hiéroglyphes «.

Quand, dans la lecture de ce texte,
on ſépare les faits des hyperboles de
l'Hiſtorien, on eſt tout étonné de voir
le contraſte qui règne entr'eux. Je ne
vois en effet dans la deſcription pom-
peuſe d'Hérodote, qu'un palais dont la
moitié eſt ſous terre, partagé par l'Architecte en trois mille trois cents pièces,
preſque toujours uniformes, & terminé
par une pyramide de moyenne grandeur. Avec beaucoup d'argent & un grand
nombre de bras d'eſclaves, il n'y avait
point de Souverain alors en Aſie & en
Europe qui n'en pût faire autant ; & ce
monument de patience ne méritait pas
d'être mis en parallèle avec les monu-

mens de génie dont pouvait s'honorer l'esprit humain.

Strabon, qui a parlé de ce labyrinthe, ne s'accorde ni avec Diodore, ni avec Hérodote sur son architecture. Il suppose que c'était un vaste palais, composé de vingt-sept appartemens, qui se communiquaient entr'eux, & qu'on avait bâti, non pour renfermer la cendre de quelques Rois obscurs, mais pour tenir les Etats-Généraux de la nation dans les tems d'anarchie. Quant à la pyramide qui terminait l'édifice, elle avait, suivant le célèbre Géographe, 400 pieds de hauteur, ou 160 de plus que ne l'a calculé Hérodote.

Le récit de Pline semble le plus étrange de tous ceux que nous tenons de l'antiquité.

» Le labyrinthe d'Egypte est le plus » prodigieux monument de l'esprit hu-» main ; il n'est cependant pas fabuleux, » comme on est tenté naturellement de » le croire. . . .

» On varie sur les motifs de sa cons-
» truction ; les uns en font un palais,
» les autres un tombeau ; quelques-uns
» un temple du Soleil ; & cette der-
» nière hypothèse est celle qui s'écarte
» le moins de la vraisemblance. . . .

» Le péristyle du labyrinthe est en-
» richi de colomnes de marbre de Paros.
» Pour celles de l'édifice même, ce sont
» des blocs énormes d'un granit de
» Syène, qui ont résisté, soit à la lente
» destruction des siècles, soit à la fureur
» des habitans d'Héracléopolis, à qui ce
» monument était devenu odieux.

» Le labyrinthe est partagé en seize
» quartiers, qui ont chacun un palais
» dans leur enceinte. On peut regarder
» le monument entier comme une espèce
» de Panthéon ; car toutes les divinités
» de l'Egypte y ont un temple, & la
» seule Némésis y est honorée dans quinze
» chapelles.

» Il y a un grand nombre de pyra-
» mides de quarante coudées de haut

» répandues dans l'enceinte de cet im-
» menfe édifice; on en voit en particu-
» lier fix qui répondent à fes avenues. . . .

» L'intérieur des palais eft embelli par
» une foule de portiques élevés de quatre-
» vingt-dix marches au-deffus du fol des
» autres appartemens. Les ornemens par-
» ticuliers répondent à cette magnifi-
» cence d'architecture ; on rencontre à
» chaque pas des colomnes de porphyre,
» des ftatues, des idoles fculptées avec
» art, & jufqu'à des images phantafti-
» ques de monftres ; on a, de plus,
» tellement ménagé la réfonnance des
» échos, que lorfqu'on ouvre certaines
» portes, on entend le fracas du ton-
» nerre. . . .

» Un Eunuque de Nectanèbe, qui vi-
» vait cinquante ans (*a*) avant Alexan-

(*a*) Et non pas 500, comme on lit dans l'é-
dition *princeps* de Pline, & dans toutes celles
qui l'ont fuivie. Hardouin lui-même, malgré
fon érudition profonde, a adopté cet abfurde

» dre, voyant ce labyrinthe se dégrader,
» le fit réparer ; & tandis que les voûtes
» s'élevaient, il fit soutenir l'édifice avec
» des poutres de bois d'Acacia, endurci
» au feu ; cet Eunuque semble le seul
» homme d'Etat qui ait veillé à la con-
» servation de cette merveille du monde.

Cette merveille du monde, si elle a
existé, n'est évidemment ni celle de
Diodore, ni celle d'Hérodote ; & pour
redoubler l'embarras de la postérité, les
ruines mêmes de ce monument ne se
concilient avec aucun des quatre récits
originaux de l'antiquité.

Paul Lucas a décrit fort au long ces
ruines célèbres, mais je me défie de lui
depuis qu'il a vu le diable Asmodée
dans la haute-Egypte ; j'aime mieux Richard Pockoke, qui ne voit que la nature,

---

anachronisme. Il n'y a eu que deux Nectanèbes
parmi les Pharaons, & le règne du premier est
justement antérieur d'un demi-siècle à la conquête de l'Egypte par Alexandre.

& qui ne décrit qu'elle. Or , voici l'a-
nalyfe de la partie de ce voyage philofophique qui regarde le labyrinthe (a).

» Près du lieu que les Arabes appel-
» lent Bellet-Caroon , eft un monceau
» de décombres couvert de fables. C'eft-
» là , fans doute , qu'était le fameux la-
» byrinthe , bâti par les douze Rois con-
» fédérés d'Hérodote. Je vis d'abord les
» ruines d'un édifice , bâti en paral-
» lélogramme. Il eft prefque tout en-
» tier de brique , enduit de plâtre. Il
» n'y a point de pilaftre dans la fa-
» çade; mais la bafe eft continuée de-
» vant la porte , comme devant fervir
» de fondement à un portique. Quel
» qu'ait été cet édifice , il paraît avoir
» été détruit & groffièrement réparé.

» Un peu plus loin , du côté de l'o-
» rient , eft un autre bâtiment auffi en
» parallélograme , tout en pierres de

____

(a) *Defcription de l'Orient* , &c. liv. 1,
chap. 7.

» tailles blanches, & recouvert de plâ-
» tre ; une efpèce de plinthe règne tout
» autour, avec huit affifes de pierres au-
» deffus, chacun d'un pied d'épaiffeur ;
» en s'écartant un peu vers le nord-oueft,
» on rencontre les débris d'une arche,
» mais on peut douter de leur antiquité.

» Le grand édifice a 160 pieds de
» long fur 80 de large. Le portique &
» la façade font prefqu'entièrement dé-
» molis ; l'étage fupérieur s'eft auffi écroulé
» vers le milieu. On compte dans la
» partie qui fubfifte 44 affifes de pierre
» de 9 pouces d'épaiffeur chacune, ce
» qui donne au monument 32 pieds
» d'élévation ; tout autour du comble,
» règnent les débris d'une corniche. Cette
» corniche, du côté du nord, eft fculptée
» avec foin ; on voit même au centre
» une niche affez grande pour renfermer
» une tête de marbre. Il eft probable
» qu'on y plaçait la figure d'un des cro-
» codiles facrés, qu'on nourriffait dans
» le palais fouterrein, fuivant Hérodote.

» Les quatre pièces qui font dans la
» longueur de l'édifice, ont des portes
» furmontées d'une double corniche, avec
» des ornemens qui repréfentent des glo-
» bes avec des aîles. Ces chambres, avant
» qu'elles fuffent comblées, pouvaient
» avoir environ vingt pieds de hauteur;
» il y a, vers l'extrémité, des cabinets
» très-étroits, qui, probablement, fer-
» vaient de tombeau. Les cellules font
» au-deffous. J'en ai mefuré une qui s'eft
» trouvé avoir trente pieds de long fur
» trois de large. Je foupçonne que c'é-
» tait le vivier facré où la fuperftition
» Egyptienne nourriffait fes crocodiles.

» L'étage fupérieur eft bâti d'un ciment
» graveleux; on n'y trouve rien de re-
» marquable, finon un puits qui defcend
» à une grande profondeur «.

Telles font les ruines de ce labyrinthe, qui a ufurpé fi long-tems l'admiration des fièeles. Elles n'annoncent
point la merveille des Hiftoriens de
la Grèce & de Rome, & encore

moins une merveille du monde.

Un Savant du siècle dernier, qui n'avait voyagé en Egypte qu'avec les Pline, les Diodore & les Hérodote, persuadé qu'on ne pouvait être ancien , sans être en même-tems infaillible , s'amusa à faire, d'après leurs récits contradictoires , une description du labyrinthe , qu'il fit graver (*a*). J'ai consulté cette estampe du Jésuite Kircher, mais je n'y ai trouvé que le Jésuite Kircher, & non Pline , Hérodote ou Diodore ; & je n'ai pas cru devoir la transporter dans une Histoire des Hommes.

Ce Jésuite Kircher avait une imagination singulière en gravures ; après avoir discuté froidement si la Tour de Babel pouvait s'élever du moins jusqu'au ciel de la Lune , il s'est avisé de la faire graver, ayant la surface de notre globe

---

(*a*) Voy. *Athanasii Kircheri Turris Babel* , édit. *in-fol.* d'Amsterdam , pag. 78.

pour bafe, & touchant, par fon comble, à l'atmofphère de la planète qui nous eft fubordonnée (*a*). Le deffinateur d'une pareille Tour, n'a pas une grande autorité dans le deffin du labyrinthe.

On peut maintenant, d'après tous les textes que nous avons tranfcrits & toutes les lumières que nous avons données, affeoir fon jugement fur le monument de l'Egypte, que l'enthoufiafme a le plus préconifé ; mais nous craignons bien que le noyau hiftorique, renfermé fous cette triple écorce fabuleufe, ne fe réduife prefque à rien ; & quant au travail même, nous faifons graver la partie la plus apparente des ruines de l'édifice, afin que les gens de l'art puiflent apprécier fon architecture.

(*a*) *Turris Babel*, pag. 38. On voit dans le texte qui correfpond à cette Eftampe, que la Tour de Babel devait, dans cette hypothèfe, avoir 178,672 millés d'Italie de hauteur, & que le nombre de 374,354,625,000,000,000 pieds cubes, repréfentait fa folidité.

DU RÈGNE

DE

PSAMMITIQUE (*a*).

CE Pharaon devait devenir un bon Roi ; car il avait été toute fa vie éprouvé par les revers. Son père avait été tué par Sabbacon, lorfque ce Conquérant vint , à la tête de fes Ethyopiens, s'emparer de l'Egypte ; & lui-même , dans le tems de la révolution, s'était vu obligé de s'exiler en Syrie ; dans la fuite, le fceptre ayant été rendu à des Princes de dynafties Egyptiennes, Pfammitique rentré dans fa patrie, était devenu un des membres du Sénat de Rois , qui s'empara de la puiffance fuprême ; & pour

____

(*a*) Hérod. lib. 2 , *paffim*. Diod. Sicul. lib. 1, fect. 2 , parag. 10.

le crime d'avoir fubftitué un cafque d'airain à un vafe d'or dans un facrifice, avait été contraint, ainfi que nous l'avons vu, de fuir dans des marécages.

Par une bifarrerie d'évènemens qu'on ne rencontre que dans les hiftoires d'antiquité, fi un cafque d'airain avait détrôné Pfammitique, des hommes d'airain vinrent le rétablir. Ainfi du moins le conte Hérodote, fur la foi de quelques Prophêtes du temple de Latone, qui avaient prédit au Monarque fugitif que des hommes d'airain, vomis par la mer, le vengeraient un jour des onze Nomarques qui l'avaient dépofédé ; c'eft ainfi que dans l'ancienne mythologie, lorfqu'un Oracle faifait le mal, un autre venait le réparer ; & ce partage des Dieux, empêchait quelquefois les hommes de blafphémer contre la providence.

Les hommes d'airain vomis par la mer, des Prophêtes de Latone, défignaient, dans leur langue myftérieufe, des Grecs revêtus de braffarts & de cuiraſſes, comme nos anciens Paladins, qui, après s'être rendus, par leurs pirateries, le fléau de la Méditerranée, infeſteraient un jour les côtes de l'Afrique de leurs brigandages.

Si on abandonne les Oracles pour revenir à la nature, on dénouera d'une manière plus philoſophique l'intrigue qui rendit le trône à Pſammitique. Ce Prince, au rapport de Diodore, dans l'origine de la confédération des Nomarques, avait eu pour département l'Egypte maritime; il avait alors ouvert ſes ports à toutes les Puiſſances commerçantes, ſur-tout aux Phéniciens & aux Grecs, qui tenaient, à cette époque, l'empire des mers. Cette ſage politique le rendit bientôt le plus riche, & par conſéquent le plus puiſſant de ſes collègues; la jalouſie s'éveilla; on fit ſervir une ſuperſtition petite & cruelle de prétexte à la haine, & le Nomarque fut dépoſſédé.

Cependant le règne de Pſammitique avait été trop utile, ſur-tout aux Grecs, pour qu'ils ne defiraffent pas de le voir renaître. Les Ioniens & les Cariens parurent tout-à-coup en armes fur les côtes du Delta, mirent à leur tête le Pharaon fugitif, & marchèrent contre les onze Nomarques, qui, ne s'attendant pas à cette irruption, furent défaits. Les uns périrent fur le champ de bataille, les autres fe fauvèrent dans les déferts de la Libye, & une feule campagne fuffit ainfi à Pfammitique pour jouir, fans partage, du beau trône de Séfoftris.

Le nouveau Roi fut reconnaiffant envers les Grecs qui l'avaient fi bien fervi ; outre la folde qu'il leur avait promife, il leur donna à cultiver de vaftes terreins qui bordent le Nil au-deffus de Pélufe ; ceux-ci ne tardèrent pas à s'attacher au pays qui les rendait heureux. Ils oublièrent leur patrie & devinrent plus Egyptiens que les fujets mêmes des Pharaons.

La Grèce, à cette époque, commençait à être le berceau des arts & le foyer des lumières ; Pfammitique qui avait

aſſez de génie pour croire que l'ignorance
des peuples n'eſt pas la baſe néceſſaire
des Monarchies, donna une partie de
ſa jeune nobleſſe à élever à ſa nouvelle
colonie. Les connaiſſances humaines parurent dès - lors prendre racine ſur le
ſol Egyptien ſi rebelle à la culture ; le
deſpotiſme des Rois & le fanatiſme des
Prêtres diminuèrent à meſure que la
philoſophie s'étendit, & du moment
que les Sages purent viſiter le pays
des Pharaons, il mérita d'avoir des annales.

C'eſt probablement vers le tems de
cet établiſſement des Ioniens & des
Cariens dans le Delta, que les Egyptiens
commencèrent à décorer, d'une manière
un peu moins barbare, leurs édifices
publics ; on s'apperçoit ſur-tout de ce
mélange du goût Grec avec le goût national, dans les ruines du temple de
Jupiter, à Ermonthis, ruines que nous
avons fait graver, pour donner une idée
de ce premier pas, fait par les conſ-

tructeurs des pyramides, vers la perfection de l'architecture.

Au reste, comme l'Egypte n'était pas encore mûre pour cette grande révolution, qui tendait à changer des esclaves en hommes, elle ne vit d'abord qu'avec jalousie, le bien que les Grecs méditaient de faire à leur patrie d'adoption. La confiance que Psammitique leur témoignait, parut une injure faite à la nation ; & ce Pharaon, sur le point de combattre les Syriens, ayant eu l'imprudence de donner, sur le champ de bataille, la place d'honneur à sa phalange favorite, la révolte éclata tout-à-coup avec violence Deux cents mille Egyptiens (a) désertèrent, & se retirèrent à l'entrée de l'Ethyopie, pour y vivre dans l'indépendance. Psammitique, qui n'avait point l'orgueil des Despotes,

____

(a) Hérodote en met deux cents quarante mille ; mais en vérité la vraisemblance est déjà assez blessée par le nombre de Diodore.

avoua avec franchise qu'il aurait dû ne
point douter de la valeur de ses sujets ;
& il envoya quelques-uns de ses Offi-
ciers pour réparer cette injure. Les rebelles, peu accoutumés de voir reculer
leurs Rois, & persuadés que la crainte
avait dicté cette démarche, refusèrent
de rentrer sous leurs anciens drapeaux.
Psammitique ne se rebuta point ; il
suivit les transfuges par mer, à la tête
de ses troupes fidèles ; & les ayant at-
teints, il les conjura de ne point abandonner leurs femmes & leurs enfans.
La réponse des chefs des séditieux peint
bien la naïveté grossière des mœurs antiques. Ils entrouvrirent leur robe, &
déclarèrent que tant qu'il leur resterait
un organe générateur, ils ne manque-
raient ni d'enfans, ni de femmes. Le
Pharaon vit bien que la raison n'avait
aucun pouvoir sur de pareils hommes ;
craignant même que leur retour en Egypte
ne retardât d'un siècle sa civilisation,
il les abandonna à leur destinée, & sçut,

en appellant dans ſes Etats de nouvelles colonies, en revivifier les déſerts.

Pſammitique ſemblait avoir hérité de l'ame de Sabbacon. Les Egyptiens juſqu'alors, en vertu de l'abominable droit de naufrage, maſſacraient tous les étrangers qui abordaient ſur leurs côtes, ou les faiſaient eſclaves ; le vertueux Monarque abolit cette loi de Cannibales, & l'infortuné qui avait échappé avec peine à la fureur des mers, ne craignit plus, à la vue de l'Egypte, le malheur encore plus grand de ſe rencontrer parmi des hommes.

Pſammitique, ainſi que tous les Rois ſes prédéceſſeurs, aimait à élever des monumens. On lui attribue en particulier un édifice antérieur qu'il ajouta au temple le plus célèbre de Memphis ; on y arrivait par un ſuperbe périſtyle décoré de ſtatues coloſſales de dix-huit pieds de hauteur, qui tenaient lieu de colomnes. Hérodote qui gâte toujours ſes deſcriptions par ſes contes, ajoute que c'était vis-à-vis de ce périftyle , que le dieu Apis prenait fes repas , quand il daignait fe montrer aux hommes.

Il faut peut-être encore mettre au rang des fables qui dégradent le beau règne de Pfammitique , l'hiftoire de ce fiége d'A-zoth , qui ne fe rendit au Pharaon qu'après l'avoir foutenu pendant vingt-neuf ans.

Un trait bien plus étrange encore de la crédulité d'Hérodote , eft le récit de la fameufe expérience de Pfammitique, pour favoir quel était le plus ancien peuple du globe. Ce Prince , dit le père de l'hiftoire , fit élever, dans une chau-mière inacceffible au jour , deux enfans de paftres ; des chèvres , fuivant une tradition , furent chargées de les nour-rir ; & fuivant un autre, ce furent des Egyptiennes à qui on avait coupé la langue. Les ordres les plus précis avaient été donnés pour qu'aucun fon de lan-gage humain ne parvînt aux oreilles de ces enfans de la nature. Au bout de deux ans, l'Agent du Prince étant entré dans la chaumière, les enfans lui tendirent les mains, & crièrent enfemble : *Bec*, *Bec*. Pfammitique, qui croyait à une langue primitive (comme fi la nature en indiquait d'autre que celle des fignes & des cris inarticulés), fit rechercher à qu'elle nation appartenait le mot *Bec*, & ce qu'il fignifiait. On apprit alors qu'il était de la grammaire Phrygienne, & qu'il voulait dire du pain. Dès-lors le Phrygien fe crut le premier peuple du monde, fur la foi du moins de l'expérience de Pfammitique.

Manéthon s'accorde avec Hérodote pour donner cinquante-quatre ans de règne à Pfammitique ; ce qui fait tomber fa mort à l'an 1629 de l'Ere de Callifthène.

C'eft fur la fin du règne de ce Prince, c'eft à dire, l'an 1612, que Nabuchodonofor entra en vainqueur dans la haute-Egypte, détrôna Amourthantaïos, & mit fin à la dynaftie collatérale des Rois de Thèbes. Le tonnerre était trop voifin du Pharaon, pour qu'il n'en fentît pas les éclats. Il eft probable que les Affy-riens, à cette époque, dominèrent dans toute l'Egypte, & que Pfammitique ne fut, le refte de fa vie, qu'un fimple Vice-Roi, foumis aux Monarques de Babylone.

DE
NÉCHAO II.

ET DE SON CANAL DE COMMUNICATION ENTRE LA MÉDITERRANÉE ET LA MER ROUGE (a).

NÉCHAO II, élevé dans les principes de Pfammitique, ouvrit fes ports à toutes les Puiffances qui tenaient l'empire des mers, & fit ainfi de l'Egypte, le centre du commerce de l'Afrique & de l'Europe.

Comme ce Pharaon avait quelque génie, il ne fut pas long-tems à conce-

______

(a) Diod. Sicul. lib. 1, fect. 1, parag. 19. Hérod. lib. 2 & 4. Ces deux Hiftoriens font auffi mes guides pour les règnes qui fuivent.

voir que s'il pouvait encore faciliter à
l'Asie l'échange de son or, de ses bois
précieux & de ses Aromates, il ferait
taire, devant ses pavillons, la marine
formidable des Phéniciens, & devien-
drait, peu-à-peu, la Puissance prépondé-
rante du globe. Plein de cette idée, il
entreprit un canal tiré du Nil au golphe
Arabique, qui servirait à joindre les
deux Mers, & empêcherait les Navigateurs de la Méditerranée de faire le
tour du vaste continent de l'Afrique,
pour arriver aux Indes. Ce superbe projet, digne des Grecs, sous le beau siècle
de Péricles, était plus fait pour immortaliser son auteur, qu'un lac Mœris imaginaire, ou de frivoles tombeaux, soit
en labyrinthe, soit en pyramides.

Les Philosophes qui ont étudié l'histoire physique du globe, savent que,
dans des siècles antérieurs, ce canal de
communication existait. Le même poids
de l'Océan, qui poussait les eaux dans
les terres à Babelmandel, les faisait cou-

ler dans le grand baſſin de la Méditer-ranée; alors l'Egypte n'était viſible que par les pics des rochers de la Thébaïde, & les vaiſſeaux faiſaient le tour de cet iſthme de Suez, qui ſert aujourd'hui de centre de réunion aux deux continents.

Les Anciens évaluaient à 1000 ſtades, c'eſt-à-dire, à plus de vingt de nos lieues légales, l'étendue que devait avoir ce canal de Néchao. Le Pharaon, malheureuſement, au lieu de faire diriger cette grande entrepriſe par des Architectes de la Grece, n'y employa que des bras d'eſclaves; auſſi elle n'eut point le ſuccès qu'en attendait ſa vaſte ambition; ſix vingt mille Egyptiens périrent avant que la moitié du canal fût creuſée; alors il eut le courage, ſi rare chez des Deſpotes, de calculer le ſang des hommes, & les travaux furent interrompus.

A ce déſaſtre, s'étaient joints des Oracles ſiniſtres; les Prêtres de Thèbes & de Memphis, qui ne voulaient point que leur politique, ſombre & tortueuſe, fût éclairée par des Républicains, voyaient depuis long-tems de mauvais œil l'Egypte ouverte à des étrangers, qui avaient également en horreur le despotisme du trône & celui de l'autel ; ils firent donc parler leurs Pythies & leurs Sibylles. Tous les temples retentirent des menaces des Dieux contre les constructeurs du canal, & le sang de six-vingt mille hommes, répandu par l'ignorance des Architectes, donna une sorte de base, soit au courroux céleste, soit à la crédulité de la multitude.

Cependant, comme toutes les impostures sacerdotales ne pouvaient, au fond, rendre mauvais un projet qui servait à lier de plus en plus entr'elle la grande famille des hommes, lorsque l'Egypte eut passé sous l'empire des Perses, Darius fit continuer le canal de Néchao ; déja ce grand monument touchait à son terme, lorsque des Ingénieurs qui avaient nivelé avec soin le terrein, représentèrent au Conseil Royal de Suze, que la mer

Rouge, étant plus élevée que l'Egypte , l'inonderait toute entière , fi on abbattait l'ifthme qui fépare du canal ce grand bras de l'Océan. L'objection parut fans réponfe à des Satrapes qui n'étaient ni Phyficiens , ni hommes d'Etat , & les deux mers reftèrent encore féparées.

Enfin le fiècle de Péricles vint ; le mouvement philofophique fe communiqua de l'Archipel aux plages Africaines ; les Egyptiens, plus éclairés fur les loix de l'hydroftatique , reconnurent qu'on pouvait creufer un lit à un bras de mer, fans expofer la deftinée des empires ; & les flots de la Méditerranée commencèrent à fe confondre avec ceux de la mer Rouge.

C'eft aux Ptolémées qu'on dut la perfection de ce grand ouvrage. Il paraît , par le récit de Diodore , qu'on fit ufage , dans le canal d'Egypte , comme dans notre canal de Languedoc, d'un certain nombre d'éclufes qui tenaient le nouveau fleuve ouvert ou fermé , fuivant les befoins des Navigateurs. Au refte, le monde ne tira pas de cette jonction des deux mers tout l'avantage qu'en efpérait la politique profonde de Néchao. Les fommes immenfes qu'exigeait l'entretien du canal, dégoûtèrent les Ptolémées. Déja fous Cléopâtre, il portait fi peu d'eau, que cette Princeffe ne put y faire voguer de très-petits navires, dans un moment de crife où il s'agiffait de fa couronne & de fa vie; un fiècle après il ne fut plus navigable; & aujourd'hui il eft tellement détruit, que fa pofition même eft un problème pour nos Géographes.

Cependant Néchao, contrarié dans l'exécution de ce magnifique canal, foit par l'inexpérience de fes conftructeurs, foit par la mauvaife volonté des Oracles, voulut du moins convaincre la poftérité de l'importance d'un pareil monument. Il engagea des Phéniciens, qu'il avait le courage de protéger contre l'ignorance de fes peuples & le fanatifme de leurs Prêtres, à tenter autour de l'Afrique le voyage long & périlleux, que la jonction des deux mers, en Egypte, devait rendre inutile. L'escadre partit en effet de Suez, entra dans la mer des Indes par le détroit de Babelmandel, doubla le cap de Bonne-Espérance, fit le tour de l'Afrique; & après avoir traversé le détroit de Gibraltar, rentra en Egypte par la Méditerranée. Les Phéniciens mirent trois ans à ce voyage.

Néchao joignait à la politique la plus sage, tous les talens militaires qui peuvent la faire valoir. Son règne fut fatal, en particulier, à quelques peuples de l'Asie. *Il marcha* (& j'emprunte ici les termes mêmes d'Hérodote), *il marcha, dis-je, contre les Syriens, les rencontra près d'une ville d'Egypte, nommée Magdol, les battit, & pour fruit de sa victoire, s'empara de Cadytis, une de leurs Métropoles.*

Prideaux & tous les Savants, qui, à son exemple, ont voulu concilier la

Bible avec les contes d'Hérodote, prétendent que cette expédition de Néchao contre les Syriens, désigne la défaite des Israélites à Maggedo , & la prise de leur capitale. Il suffit, en effet, pour cela de changer Syriens en Israélites , Magdol en Maggedo , & Cadytis en Jérusalem; ce qui , sans doute, n'est rien pour des hommes accoutumés à fonder l'histoire sur les chimères de l'étymologie.

. Au reste, il est certain que l'histoire de l'Egypte se trouve liée, à cette époque , avec celle du peuple de Dieu. Manéthon , dont l'autorité est ici d'un tout autre poids que le livre d'Hérodote , assure que Néchao s'empara de Jérusalem , & emmena Joachaz, qui y régnait, prisonnier en Egypte. Ce fait est rapporté avec tous ses détails dans la Bible ; seulement il y est placé environ dix ans plutôt que ne l'exige la chronologie du Prêtre d'Héliopolis.

Josias, dit l'Ecrivain sacré des Hébreux, venait d'être tué, & Joachaz, son fils,

s'était fait proclamer Roi, fans demander l'agrément de Néchao. Le Pharaon
indigné, ordonna à fon vaffal de le venir
trouver à Reblah en Syrie; l'infortuné
obéit; mais à peine le Monarque Egyptien l'eut-il en fa puiffance, qu'il
le fit charger de fers, & l'envoya à
Memphis, où il mourut. Après cet acte
terrible de vengeance, Néchao entra
dans Jérufalem, y établit Roi un autre
fils de Jofias, & impofa fur la Judée
un tribut annuel d'un talent d'or, & de
cent d'argent; fomme qui, dans l'évaluation des monnaies Hébraïques, répond à 982,222 de nos livres. Le vainqueur, après cette expédition, revint
dans fa capitale.

Néchao II. ne régna que fix ans, fuivant Manéthon, ainfi fa mort tombe à
l'an 1635 de l'Ere de Callifthène.

DU
FAIBLE RÈGNE
DE
PSAMMOUTHIS.

CE Pharaon ne fit rien de mémorable. Son nom, peut-être, fut écrasé par
celui de ses deux prédécesseurs. Tout
ce qu'on sait de lui, c'est que les Grecs
lui envoyèrent des Ambassadeurs pour
le consulter sur les moyens de perfec-
tionner la belle institution des jeux olym-
piques. Psammouthis apprenant qu'on
recevait également dans la carrière, les
athlètes de toutes les nations, observa
que des hommes accoutumés par le
préjugé à appeller barbares tout ce qui
était né hors de l'Archipel, auraient rarement la délicatesse d'adjuger à des

étrangers la victoire sur leurs compa-triotes ; quant au fond même de l'inf-titution, l'histoire ne dit pas que le Prince se soit expliqué. Au reste, il faut lui savoir gré de s'être occupé de ce qui est juste, avant de songer à ce qui n'est que beau. Ce n'était pas là la maxime ordinaire des Pharaons.

Psammouthis ne fit aucune loi utile dans ses Etats, n'y éleva aucun monument ; il ne régna que pour lui, & voilà pourquoi la postérité semble l'avoir oublié.

Ce Prince ne se réveilla de sa léthargie politique que la dernière année de son règne ; il leva, à cette époque, une armée pour faire la guerre aux Ethyopiens ; mais l'expédition ne lui réussit pas, & il y périt. Psammouthis avait dormi six ans sur le trône des Pharaons.

DE LA TYRANNIE

D'APRIÈS (*a*).

Enfin le defpotifme qui s'était contenu lui-même fous quelques Pharaons,
rompit fa barrière; & l'Egypte, inondée
de fang, appella, par fes vœux, un
Conquérant tel que Sabbacon.

Ce n'eft pas qu'Apriès n'eût une forte
d'énergie dans le caractère; il crut devoir d'abord rendre fon nom refpecta-
ble aux étrangers, avant d'étendre fon
fceptre d'airain fur fes fujets; & comme
on ne concevait pas encore, fur les trois
quarts du globe, d'autre moyen de fe
faire refpecter, que d'en troubler le re-

(*a*) Il eft appellé Ouaphris dans le fragment
de Manéthon & dans les lamentations de Jé-
rémie.

pos , le Pharaon commença fon règne brillant par des conquêtes.

Les infulaires de Chypre , à portée de fes armes, en éprouvèrent les premiers la force. Leurs foldats ennivrés par une longue paix & par la molleffe qu'infpire une religion voluptueufe , ne firent qu'une faible réfiftance; auffi les Egyptiens, pour s'emparer de tout le pays , n'eurent befoin que d'une feule campagne.

Les Phéniciens , allarmés des progrès du Conquérant, lui opposèrent une armée formidable ; il les vainquit en bataille rangée, fe rendit maître de quelques villes maritimes, & de Sidon, une de leurs métropoles ; enfuite il rentra dans l'Egypte couvert de gloire & chargé de dépouilles.

Hérodote, qui fans doute ne fait allufion qu'aux premières années du règne d'Apriès, dit que fi on en excepte Pfammitique, ce Prince fut le plus heureux de tous les Pharaons. Je ne vois pas en quoi confiste ce bonheur ; s'il s'agit de prendre beaucoup de villes , d'égorger beaucoup d'hommes en batailles rangée, Apriès eft loin des deux Séfoftris ; s'il s'agit de donner à un Etat des mœurs & des loix , d'élever des monumens utiles & de fe faire le père de fes peuples , le héros d'Hérodote ne faurait entrer en parallèle avec les Mycerin, les Néchao & les Sabbacon.

Au refte , le prétendu bonheur d'Apriès, ne fut pas de longue durée ; il voulut étendre fon empire fur la Libye , & la guerre qu'il lui fit eut le fuccès que devraient avoir toutes les güerres injuftes ; il y perdit d'abord l'élite de fes troupes , & enfuite fa couronne.

Ces déferts embrafés de la Libye furent toujours l'écueil des Conquérants. On affure qu'Apriès le favait , mais qu'il voulait être vaincu. Ce projet, fi abfurde au premier coup-d'œil, devient vraifemblable quand on eft initié dans tous les myftères du machiavélifme. Le

Pharaon aimait à répandre le sang, &
ses soldats, qui avaient deviné son ame
farouche, ne le voyaient qu'avec l'effroi
qu'inspirent les tyrans. Apriès, qui se
douta que cet éloignement couvait les
germes de la rebellion, résolut d'en immoler le plus grand nombre à la sûreté
de son trône. Il les envoya donc à la
mort, sous prétexte de les envoyer à la
victoire. Les deux Historiens qui me
guident, se réunissent tous deux à flétrir
de ce crime la mémoire du tyran. *L'E-*
gypte, disent-ils, *crut qu'il s'était défait*
exprès de la meilleure partie de ses sujets,
pour régner avec plus d'empire sur ceux
qui pourraient leur survivre.

Cet attentat parut nouveau, même
à un peuple d'esclaves, accoutumé depuis long-tems à toutes sortes d'attentats de la part de ses maîtres. Il se
révolta ; alors le farouche Apriès regretta
de n'avoir pas fait passer l'Egypte toute
entière dans la Libye ; mais contraint
de dissimuler, il envoya Amasis, un de

fes Généraux, aux rebelles pour les ramener. Ceux-ci profitèrent de la circonftance pour fe donner un chef qui pût en impofer à la nation. A peine Amafis commençait-il à les haranguer, qu'un d'entr'eux s'approcha de lui par derrière, lui mit fur la tête un cafque d'airain & le proclama Roi d'Egypte ; une vertu commune tient rarement contre l'appas d'une couronne , lorfqu'on lui épargne jufqu'au crime de la rechercher. L'Ambaffadeur d'Apriès confentit donc à régner , & ce fut par des hoftilités contre le Pharaon, qu'il eut l'audace de l'en inftruire.

Apriès, comme tous les tyrans qu'on détrône, perdit la tête à la vue du péril ; au lieu de traiter avec un transfuge, que la force avait rendu fon égal , il fit partir le Nomarque Patarbemis, avec ordre de le lui amener chargé de fers. Le fuperbe Amafis répondit à l'Envoyé qu'il lui ordonnait à lui-même d'amener fon maître. Patarbemis , voyant que la révolte était confommée, n'infifta pas davantage, & rentra dans le camp d'A-priès ; mais le Pharaon le voyant revenir feul, lui fit couper le nez & les oreilles. Ce dernier acte de tyrannie acheva la révolution. Le peu d'Egyptiens qui étaient reftés fidèles à Apriès, l'abandonnèrent & pafsèrent fous les drapeaux d'Amafis. Le Defpote outré, fit marcher contre fes anciens fujets trente mille hommes de troupes auxiliaires, qui étaient fa dernière reffource ; le combat fe livra auprès du village de Marah, & la vic-toire fut pour l'ufurpateur. Apriès fut pris fur le champ de bataille.

Telle fut la deftinée d'un Roi qui avait été l'affaffin de fes peuples. L'hif-toire rapporte qu'au tems de fa profpé-rité il avait défié les Dieux mêmes de lui ôter fa couronne. Amafis dut donc fe regarder comme fouverain, par la grace des dieux, puifqu'on le croyait l'inftrument de leurs vengeances.

Au refte, ce Prince n'abufa pas d'abord de fa victoire. Il donna à Apriès, pour prifon, le palais de Saïs, où il avait fi long-tems régné, & il lui laiffa quelques honneurs, fans pouvoir. Il eft probable que le Monarque détrôné intrigua fourdement, pour opérer une nouvelle révolution ; car Amafis, pour appaifer les murmures des Egyptiens, fut obligé, quelque tems après, de leur livrer leur victime. Alors Apriès fut étranglé, & enféveli dans le tombeau des Pharaons.

Apriès avait régné 19 ans quand il perdit, contre Amafis, la bataille de Marah. Ainfi fon détrônement arriva l'an 1760 de l'Ere de Callifthène.

Fin du Tome X de l'Hiftoire Ancienne.

TABLE

DES CHAPITRES

DU TOME DIXIÈME

DE L'HISTOIRE ANCIENNE,

OU DE

L'HISTOIRE DES ÉGYPTIENS.

HISTOIRE DES ÉGYPTIENS.

Fin de la Table des Chapitres.

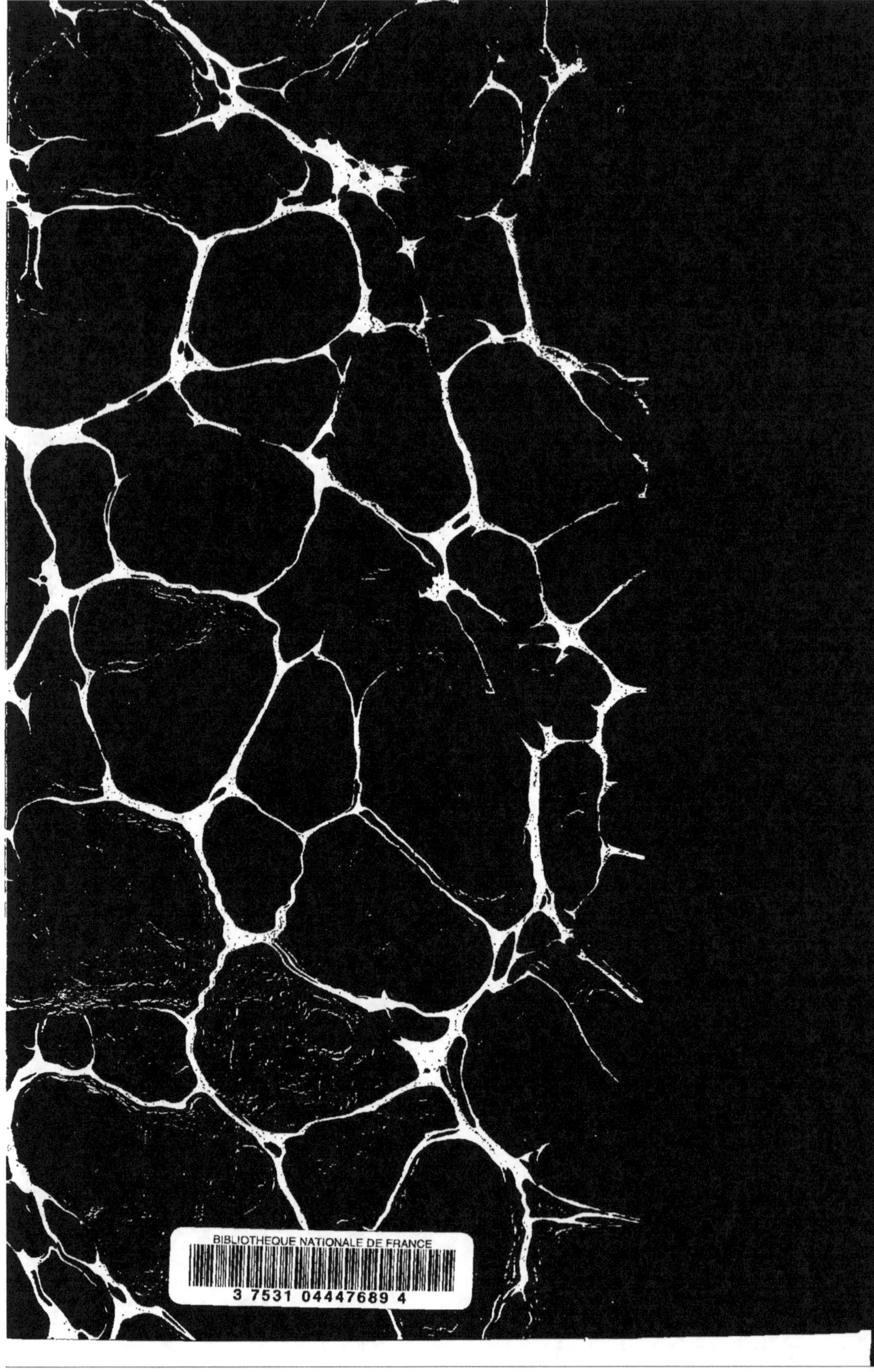